高齢者の心理臨床
老いゆくこころへのコミットメント

北山　純

Clinical Psychology Practice With the Elderly:
Commitment to the Spirit of Those Growing Old

Jun KITAYAMA

創元社

刊行によせて

　箱庭療法 (Sandplay Therapy) は、スイスの心理療法家カルフ氏によって創案され、河合隼雄 (本学会創設者) により 1965 年に日本に導入された。その非言語的な性質や適用範囲の広さ、そして日本で古くから親しまれてきた箱庭との親近性などから、心理療法の一技法として、以降広く国内でも発展を遂げてきたことは周知のことであろう。現在でも、心理相談、司法臨床、精神科・小児科等の医療、さらに学校・教育など、さまざまな領域での心理臨床活動において、広く施行されている。

　一般社団法人日本箱庭療法学会は、我が国唯一の箱庭療法学に関する学術団体として 1987 年 7 月に設立された。以来、箱庭療法学の基本的課題や原理に関して、面接事例およびその理論的考察などの発表を通して、会員の臨床活動および研究活動の相互発展を支援することを目的に活動を行ってきた。

　そして、本会学会誌『箱庭療法学研究』では、創刊 10 周年を機に、夢・描画などの、箱庭療法と共通するイメージへの深い関与が認められる研究も取り上げることとなった。今後ますます社会的な要請に応えていかなければならない心理臨床活動において、「イメージ」を根底から見据えていく研究は必須でありまた急務である。こうして本学会は、箱庭療法研究推進の中核的役割を担うとともに、広く心理療法の「イメージ」に関する研究推進を目指し、会員の研究、研修や活動支援を行う学術団体へと発展しつつある。

　このような経緯のなか、このたび、「木村晴子記念基金」から予算を拠出し『箱庭療法学モノグラフ』シリーズを刊行する運びと

なった。本シリーズは、箱庭をはじめとする、心理臨床における「イメージ」に関わる優れた研究を、世に問おうとするものである。

　故・木村晴子氏は、長年にわたり箱庭療法の実践と研究に取り組まれ、本学会においても理事や編集委員として大きな貢献をされてきたが、まことに残念なことながら、本会理事在任中の2010年にご逝去された。その後、箱庭療法を通じた深いご縁により、本学会が氏の特別縁故者として受けた財産分与金によって設立されたのが「木村晴子記念基金」である。

　氏は、生前より若手研究者の研究促進を真に願っておられた。本シリーズの刊行は、そうした氏の生前の願いを受ける形で企画されている。本シリーズが、箱庭療法学ならびに「イメージ」に関わる心理臨床研究の発展に寄与することを願ってやまない。

2014年10月

一般社団法人　日本箱庭療法学会

木村晴子記念基金について

　故・木村晴子氏は、長年にわたり箱庭療法の実践・研究に力を尽くされ、主著『箱庭療法──基礎的研究と実践』(1985, 創元社)をはじめとする多くの業績を通し、箱庭療法の発展に大きな貢献をされました。また、氏は本学会の設立当初より会員(世話人)として活動され、その後も理事および編集委員として本学会の発展に多大な貢献をされました。2008年には、本学会への貢献、並びに箱庭療法学発展への功績を評され、学会賞を受賞されています。

　木村晴子記念基金は、上記のように箱庭療法に取り組まれ、本学会とも深い縁をもつ氏の特別縁故者として本学会が受けた財産分与金によって、2013年に設立されました。『箱庭療法学モノグラフ』シリーズと題した、博士論文に相当する学術論文の出版助成や、本会学会誌『箱庭療法学研究』に掲載される外国語論文の校閲費等として、箱庭療法学の発展を支援するために使途されています。

　なお、詳細につきましては、本学会ウェブサイト内「木村晴子記念基金」のページ(URL：http://www.sandplay.jp/memorial_fund.html)をご覧ください。

一般社団法人　日本箱庭療法学会

目　次

　　刊行によせて　i
　　木村晴子記念基金について　iii

はじめに　3

第1章　序論 ⋯⋯⋯⋯⋯⋯⋯⋯⋯⋯⋯⋯⋯⋯⋯⋯⋯⋯⋯⋯⋯⋯⋯⋯⋯7
本研究の問題と目的

　第1節　高齢者の心理的特徴　7
　第2節　伝承文学に見る老い──日本昔話・遠野物語　8
　第3節　老年観の多義性・両義性・矛盾　11
　第4節　高齢者の心理臨床の方向性　13
　第5節　コスモロジーと「わたし」概念　14
　第6節　本研究の目的　16
　第7節　本研究のアプローチ──事例研究法について　16
　第8節　本書における倫理的配慮　19

第2章　高齢者に対する心理療法・心理的アプローチに 関するこれまでの実践・研究 ⋯⋯⋯⋯⋯⋯⋯20

　第1節　高齢者を対象とした心理療法の特徴　20
　　1. 若年期を対象とした心理療法との異同　20
　　2. 身体症状の背後にある心理的問題　21
　第2節　高齢者に対する心理療法　22
　　1. 支持的心理療法　22
　　2. 精神分析的精神療法・力動精神療法　23
　　3. 分析心理学　25

vi

   4. 実証主義的なアプローチ（認知行動療法・対人関係療法）　26

   5. デイケア（集団精神療法）　28

   6. その他のアプローチ　30

第3節　本書における実践について　31

第3章　本研究における精神科デイケアの概要　32

第1節　筆者らの臨床実践のオリジナリティ　32

第2節　デイケアにおける心理的援助の目的　34

第3節　デイケアの実際　35

   1. 室内の様子　35

   2. 開室状況　38

   3. スタッフ　38

   4. 参加者　38

   5. 参加までの経緯　39

   6. 1日のスケジュール　41

第4章　デイケアのプログラム　43

第1節　プログラムの設定にあたって　43

第2節　プログラムの実際と特徴　44

   1. コラージュ　44

   2. 塗り絵　46

   3. 絵手紙　48

   4. ペーパークラフト（工作）　49

   5. 手芸（刺子、編物）　50

   6. 染物（藍染、草木染）　52

   7. 数独、クロスワードパズル、クイズ　53

   8. 園芸　55

   9. 体操・運動、お灸　57

   10. 散歩・外出　58

目次　vii

　11. 映画鑑賞　59

　12. 実施できなかったプログラム──食に関して　60

第3節　考察：doingではなくbeingへ　60

　1. 「第三のもの」としてのプログラム　60

　2. 主体性をはぐくむ──否定によって生じるもの　62

第5章　臨床心理士によるファシリテーション　64

第1節　臨床心理士の役割　64

第2節　臨床心理士のグループへのかかわり　65

第3節　デイケア場面の実際　67

　1. 表現の場の醸成　67

　2. 家族に関する語り──自立と依存のアンビバレンス　71

　3. 痛みの訴え　76

　4. 自己表現の場を設える　80

　5. 生と死、老いのあわい──矛盾する語りを聴く　83

　6. 個人面接の意義──集団では語れないこと　85

第6章　事例1：神経症的な葛藤を抱えながら生きる高齢者　88

第1節　はじめに　88

第2節　事例の概要　88

第3節　事例の経過　89

第4節　考察　106

　1. 「わたし」らしく生きられなくなることへの不安　106

　2. 夢に現れる「老い」の弁証法的な動き　107

　3. 神経症を生きる──「わたし」らしいあり方　108

　4. 生と死の往還　111

　5. デイケアを触媒とした家族との関係性の変化　114

　6. グループの力　115

viii

第7章　事例2：老いへの不安と神経症性不眠を主訴とする高齢者 116

第1節　はじめに　116

第2節　事例の概要　116

第3節　事例の経過　117

第4節　考察　135

　1．老いてゆく「わたし」──連続する心理的葛藤　135

　2．背後に見える「死」のテーマ　141

　3．デイケアメンバーの存在とピアサポート　143

第8章　総合考察 146

第1節　こころの動きとしての「わたし」　146

第2節　心理臨床家の高齢者に対する態度の変化　148

第3節　発見的 (heuristic) なアプローチ
　　　　──多義的で矛盾を含んだ老いを生きるために　150

第4節　高齢者の心理臨床のありかた──Circumambulation　152

第5節　本アプローチで生じる高齢者のこころの変化　155

　1．主体性の現れ　155

　2．表現の質の変化　156

　3．新たな「わたし」の発見　157

第6節　デイケアという構造が高齢者に果たす役割　158

第7節　本研究の限界と今後の課題　161

第8節　結語　162

註　164

引用文献　165

索　引　171

初出一覧　175

謝　辞　176

高齢者の心理臨床
老いゆくこころへのコミットメント

はじめに

　本書は、高齢者に対する心理臨床に関して、筆者の臨床実践を提示し、その内容を考察したものである。

　なぜ高齢者なのか? と問われたとき、はっきりとした答を出せないのが正直なところである。しばしば生きることが苦しいと感じる私にとって、70年、80年と齢を重ねているという事実に、どこか仰ぎ見るような感覚がある。しかしそれだけではなく、高齢者は私のこころのどこかを揺さぶる存在であることは間違いないように思われる。

　親族以外の高齢者と関わったのは、学部学生の頃に高齢者施設でボランティアをしたときで、すでに今から20年近く前のことになる。臨床心理士として現場に出るようになり、精神科クリニックや大学の学生相談室など、高齢者以外のクライエントと会う現場に携わりながらも、高齢者の心理臨床は常に私のこころの中にあり続けた。

　本書の初めに個人的なエピソードを記すことで、本論への橋渡しを試みたい。

　今から15年以上前になろうか、国内で開催されたとある国際学会に出席した。日本人だけでなく、海外から来訪した参加者も多い会だった。あるセッションで、アメリカから来日していた老婦人と一緒になり、すぐに親しくなった。そのきっかけはとてもよく覚えている。サンディエゴに住んでいるという彼女は、「日本は初めてですか?」という私の問いに、「若い頃に、

夫と一緒に横浜に滞在していたことがあるのよ」と答えた。偶然にも私は横浜出身で、どちらからともなく声をあげた。「私たちは姉弟（きょうだい）だ」と。彼女も私も、サンディエゴと横浜が姉妹都市だと知っていた。「かなり年上だけど、私がお姉さんね」と彼女は笑った。会期中に何度か語らう機会があり、フレンドリーでオープンなありようが強く印象に残った。

　その後、経緯はよく思い出せないのだが、互いにクリスマスカードを送り合うようになった。きれいな筆記体で書かれた彼女のカードには、時候の挨拶とともに「tell me your story」だとか、「keep in touch」などとよく書かれていた。その言葉に促され、私も自分の身辺について書き送ることが続いた。仕事の愚痴めいたことを記したせいか、彼女からしっかりとした励ましの言葉をもらい、勇気づけられることもあった。忙しさにかまけ、無作法な私のカードは年を越して投函されることすらあったが、彼女からのカードは毎年必ずクリスマス前に自宅に届いた。

　7、8年ほど経った頃からか、サインの字は変わらないものの、カードに記される彼女のメッセージが一言二言になる年があった。彼女がどのような暮らしをしているのかが案じられた。しかし、私はこれまでと変わらずにカードを送った。そして、クリスマスに彼女の字を見るたびに、いつかはこのカードが来なくなるのだという思いが湧くようになっていった。年に一回、カードを通じて彼女に出会うことで、同時に彼女との別れを意識させられた。

　さらに数年のやり取りを続けたある日、届いたカードの宛名にいつもと違う字体を見た。別れの瞬間だった。娘さんからのメッセージには、彼女が天寿を全うしたことの知らせとともに、「母はあなたと友達でいられることを喜んでいました」とあった。ついにこの時を迎えたのだというぼんやりとした現実感と、異国にいる年の離れた弟に最期を知らせてもらえたことへの感謝、そして純粋に寂しい気持ちに襲われた。

　高齢者と関わるとき、彼女とのカードのやり取りを通じて感じた「出会う

ことと別れること」の同時性のような、えも言われぬ感覚に触れることがあるように思う。当たり前のこととしてカードが来続けるのであれば、そのような体験はしない。高齢者であるゆえに、同時に別れが強力に布置され、それは切り離すことができないもののようだ。

　いつまでも健康でいて欲しい、今まで通り元気にしていて欲しい、しっかりとした姿を見せていて欲しい。そう願う気持ちとは裏腹に、老いは時間と共に深みを増す。そこには、出会いと別れの同時性だけでなく、老いたありようの中に垣間見える若さ、過去の苦労話に込められた自負、不満の矛先となっている家族に対して忍ばれる感謝の念等々、一つのベクトルでは示しきれない、高齢者特有の多義的で矛盾を含んだこころの動きが見て取れる。それは時として葛藤を引き起こすかもしれないし、また年を重ねることの豊かさでもあると思う。

　心理臨床家として高齢者と関わるにあたって、良い面だけに目を向けるのでも、不必要にペシミスティックになるのでもなく、老いの複雑なありよう全体に率直に目を向け、そこにとどまり、高齢者と共に過ごそうと試みることは、高齢者の心理臨床に何らかの意味があるのではないか。それが筆者の問題意識であり、その点について、筆者自身の臨床実践をもとにして検討してゆくことが本書のテーマである。

　本書は全8章から成る。まず第1章において、老年期特有の「多義性」に焦点を当てて検討し、研究全体の問題と目的について言及する。本研究では「わたし」という概念を用い、高齢者のこころの動き全体を捉えようと試みる。第2章では文献研究として、高齢者に対する心理療法、心理的アプローチに関するこれまでの実践・研究を概観する。

　第3章からは、本研究で検討する事例が営まれた、高齢者対象の精神科デイケアの実際について示してゆく。当該デイケアは、認知機能障害のない高齢者を対象とした、これまでにない臨床実践であった。よって本書で扱われる高齢者は、認知症ではない、外来通院が可能な高齢者が対象となっている。

第3章で精神科デイケアの概要について言及した後、第4章では特にデイケア内で用いた各種のプログラムについて、その実際と特徴について詳説する。一般の高齢者でもなく、認知症の高齢者でもない精神科臨床群を対象としたプログラムを、参考にできる資料の少ない中、試行錯誤で営んだ記録であり、今後そのような高齢者に出会う専門職の一助になればと考える。第5章では、デイケアにおける臨床心理士のファシリテーションの方向性について、臨床場面でのやりとりを例示しながら述べてゆく。プライバシー保護の観点から、本章では筆者による創作の臨床素材を用い、高齢者のこころの動きと、それに対する筆者の関わりについて示してゆく。

　第6章、第7章において実際の臨床事例を提示し、そのプロセスを検討し、考察を加える。いずれも、筆者が心理臨床家として実践に携わった事例であり、本研究の中核となる。いずれも不安や神経症性不眠を主訴とする高齢者の事例であり、老年期特有の老いをめぐる葛藤や、高齢者の語り、コラージュなどのイメージ表現などに着目しながら、高齢者の心理臨床について論じたい。

　それを受けて、第8章では総合考察として、高齢者の多義的で矛盾を含んだ「わたし」全体に着目しながら営まれる心理臨床実践にどのような意義がみられるかについて考究してゆければと思う。

第1章

序論
本研究の問題と目的

第1節　高齢者の心理的特徴

　長い人生を歩んできた高齢者の人生は、一人ひとり異なり、きわめて多様である。黒川 (2005, p.3) は、「平均的な8歳の人を思い描くことはできても、平均的な85歳の人物像を思い浮かべることは困難」だと指摘する。ある高齢者が生まれ、育ち、学び、働き、育て、出会い、別れ……それらすべての経験が当人にとって固有である。たとえ同じ学校を卒業していても、同郷の人同士であったとしても、その先に連なる数十年の人生が同じ者は一人としていない。

　数えきれないほどの日々を重ねてたどり着いた老年期は、個々人に多様な生を迫る時期でもある。青年期、壮年期からの人生の連続線上に、加齢に伴う身体機能の低下、疾病罹患、認知機能障害の出現、喪失体験、対人関係の変化、孤独や孤立、社会的役割の異動に伴う自尊感情の低下、家族関係の問題、人生の意味への問いや死の顕在化といった、身体・心理・社会的な問題が生じてくる。当然のことながら、これらのうち一つだけが身に降りかかるのではなく、複数の事象が絡み合って生じることも少なくない。高齢者にとって、「今」をいかに生きるのかということは、きわめて個別的な体験だと考えられる。

このような高齢者を取り巻く身体・心理・社会的問題は、自らの力のみによって対処していくことが難しいことが多いものと考えられる。身体機能の変化は加齢とともに少しずつ、あるいは突然に大きく生じるかもしれないし、家族や友人などの大切な人を亡くすことは防ぎきれるものではなく、本意でなくとも家族の世話を受けないと日常がままならないことも起こり得る。また、老いること自体を避けいつまでも若くありたいと願いながらも思うようにならない者もいるだろうし、認知症をはじめとする認知機能の障害が生じることに恐れを抱き、いずれは誰しもが死ぬことを理解しつつ、それを前にして不安や恐怖に慄くこともあるだろう。こういった事象のほとんど全ては、当人による努力や何らかの適切な対処によって解決できる問題ではない。すなわち、老年期は自らの意思や希望に反するような現実に直面せざるを得ないことが多く、必ずしも自助努力や工夫によって諸般の問題に対処していくことができるとは限らないものだと考えられる。

第2節　伝承文学に見る老い——日本昔話・遠野物語

あなた自身が、家族が、担当するクライエントが年を重ねてゆくにあたって、どのような老いをイメージするだろうか。年をとっても活動的で、年長者としての英知を持ち、アンチエイジングと呼ばれるように若々しく美しくありたいと願うこともあるだろう。また一方で、足腰が衰え、病気がちで、疲れやすくなり、友人や家族との関わりも減って寂しさを抱え、誰かの役に立つこともなくなり、物忘れがひどく一人で生きていくことも難しくなるといったことが想像されるかもしれない。

このような、世に流布された老いにまつわる多様なイメージは、何も現代のみのものではない。人として生を受けた以上、年を重ねることは生きることと同義である。人が若くありたいという願いも、老いて生産性を失い世の中に必要とされなくなるといったイメージも、古くから人のこころに棲みつ

いた「老い」の特性だと考えられる。本節では、日本の伝承文学の中に現れる「老い」のイメージについていくつか触れてみたい。まずは日本昔話の「若返りの水 (関, 1956)」を見てみよう。

　　昔、あるところにお爺とお婆があった。お爺が、ある日、山へ炭焼きにいったらば、暑い日で喉がかわいてかわいてならなかった。どこかそこいらに水んわいちゃいんかと思って見つけると、すぐそこの岩の蔭にきれいな清水がわいていた。お爺がその水を手ですくって見ると、なかなかええ味がして体中がなんともいえぬほどええ気もちになった。そしてお爺はいつのまにか若くなって、曲がった腰もしゃんとのびて立派な若者になった。お爺は大へん喜んで、炭を背負って家に帰って来た。「婆さん、いま帰ったぞ」というので、婆さんが「今日は早かったなあ」といいながら出て来て、爺さんを一目見てびっくりした。「まあ、俺ん家の爺さんは、どうしてむくよう（急に）そう若くなったどおだえ」といってたずねた。爺さんは「なーに、俺あ山で清水のんだら、急にこう若くなっとおどす」といって、そのわけを話して聞かせた。

　　婆さんは大そううらやましがって、「爺さんはなんちゅううまいことしただあ。お前ばか若くなってええじゃない。俺どおって若くなりたいから、俺も行ってその水のんできたい」といった。そして、お爺から山のようすをよく聞いて、水の出るところを教わって、その翌日お爺を留守居において、お婆は山へ出かけて行った。ところが晩方になってなんぼう何ぼうまってもお婆が帰っちゃ来んから、お爺は心配して「あの婆は、まあ何をぐずぐずしているずら。山で何かあやまちでもなけないええが」といいながら、村の衆をたのんで山へお婆をさがしに行った。そして清水のわくところまで行って見ると、赤児の泣く声がしていた。みんなびっくりしてその声のする方に行って見ると、何たらことにお婆が赤児になって泣いていた。

　　お婆は慾深だもんでうんと若くならずと思って、水をあんまり飲ん

で若くなりすぎて、赤児になってしまっていた。爺は仕方なく、その
赤児をだいて帰って育てたそうである (pp.203-204)。

　飲むと体中が気持ちよくなり、腰がしゃんと伸びて立派な若者になるという
物語に、老人が再び若返ることへの願い、若さへの羨望を感じ取ることがで
きる。一方で、「もっと若くなりたい」と願ったお婆さんが赤ん坊になって
いるという終結は、年を取った現実と若返りたいという願望との相克のバラ
ンスが崩れることによって、何がもたらされるのかという問いを直球で投げ
かけてくるように筆者には感じられる。
　この物語の起源は、変若水信仰に由来すると言われ、すでに万葉集の中に
若返りを求めたいという心性を詠んだ歌が掲載されていることから、人が若
返りたい、若くありたいと願う心性は古くから連綿と私たちの中にあるもの
と考えられる (Kitayama, 2008)。
　若返り願望に反し、社会の役に立たず生産性を失った老人を遺棄する、い
わゆる棄老物語もまた広く流布している。予め決められていた年齢になる
と、その老人を山に捨て行くという「うばすて山 (関, 1957)」の物語も、日本
各地に点在する昔話である。また、深沢 (1964) による小説「楢山節考」は同
テーマの小説であり、映画化もされている。よりリアルな伝承として、遠野
物語の一一一には老人が遺棄される語りが出てくる。

　　　山口、飯豊、附馬牛の字荒川東禅寺および火渡、青笹の字中沢ならび
　　に土淵村の字土淵に、ともにダンノハナといふ地名あり。その近傍にこ
　　れと相対して必ず蓮台野といふ地あり。昔は六〇を超えたる老人はすべ
　　てこの蓮台野へ追ひやるの習ひありき。老人はいたづらに死んでしまふ
　　こともならぬゆゑに、日中は里へ下り農作して口を糊したり。そのため
　　に今も山口土淵辺にては朝に野らに出づるをハカダチといひ、夕方野ら
　　より帰ることをハカアガリといふといへり (柳田, 1955/2004, p.65)。

同様に、遠野物語拾遺二六八にも「昔は老人が六十になると、デンデラ野に棄てられたものだという」という節がある（柳田, 1955/2004, p.201）[*1]。遠野地域では、そこに在住していた老人が蓮台野に遺棄されることが描写されている。老人たちは蓮台野に追いやられたのちも生活を続けており[*2]、そのために野に出るのだが、それを「ハカダチ（墓立ち）」「ハカアガリ（墓上がり）」と称しているのが興味深い。蓮台野自体がすでに命を終えた者のための「墓」であり、しかしその場で生き続けている老人たちは、生きるために墓を「出入り」しているとみなされたのだろう。ここには、一般的な生活の地と、そこを棄てられた老人のための「蓮台野」（すなわち「墓の地」）という対称性がある。さらに、「蓮台野」の中にもいまだ生活があり、「墓の地」の中にも、墓を出て野で農作を行い、終えると墓に戻るという生と死の対称性が見られるのである。「老い」を生きるということは、生と死の対称性の間を行き来するという意味が含まれているものと考えられる。

第3節　老年観の多義性・両義性・矛盾

前節において、老いに見られる「老―若」「生―死」対称性について伝承文学を例に挙げて論じたが、他にも数多くの文献で老いの多義性に関する言及が見られる。

ミノワ（Minois, G.）(1987/1996) は、未開社会の段階ですでに老いの多義性の問題が提示されているとして、「老いは知恵と弱さ、経験と老衰、威信と苦しみを、同時にはらんでいる。それぞれの社会環境に応じて、老人は敬われたり、蔑視されたり、また栄誉を与えられたり、殺されたりするのだ (p.16)」と述べている。栗原 (1986) は、「老いは、その両義性において際立つ。老いは、愚かさ、醜さ、汚穢、非生産性を意味すると同時に、英知、無垢、生成、自由な遊びといった属性を持つ」と言い、多くの人に浮かぶ高齢者の否定的な存在だけでなく、また超越的で英知を持った存在としての双方の属性がある

のだと述べている。ここでの「同時に」という言及は極めて重要である。つまり、愚かさをもちながらも英知ある存在であり、醜くありながらも無垢であり、どちらか一面を取り出して高齢者の存在を定義できないということになる。これは、ユング派の分析家であるグッゲンビュール-クレイグ（Guggenbühl-Craig, A.）（1986/2007）が、老いと知恵が同一である、あるいは相互に結び付いているという「老賢者」のイメージのみで老人を見ることへの危険性について言及し、それを補完する「老愚者」イメージ──老人が愚かさを受け入れ、失敗を恐れず、病気や死の恐怖を感じてもよい──を提唱しているのと同じ構造だと考えられる。

　長谷川（2008b）も「（高齢者は）長い人生経験を持つだけに、若い世代よりも多様な履歴、経験、価値観を持つ。身体的にも社会経済的にも多様な集団であることが特徴とされる」「高齢者の概念には多様性が特徴であり、この特徴は、時代の多様性と複雑性を背景にしてますます顕著になっていくと考えらえる」と述べており、これは本節冒頭に挙げた黒川（2005）による、平均的な老人イメージを挙げるのは困難だという指摘とも重なる。

　松下（2017）によると、アメリカの精神科医バトラー（Butler, R. N.）は、人種差別や性差別と同様に、高齢であるという理由だけで人をステレオタイプ化し差別するエイジズム（ageism）を提唱し、①老化、高齢自体への偏見、②高齢者への差別、③ステレオタイプを信じている機関や政策の三点を指摘した。しかしその後になって、人が高齢になっても健康寿命を延伸させ、若者に依存せずに生産性を維持することができることを特に強調した。高齢者の積極的な活動性・生産性を強調するあり方をプロダクティブ・エイジング（productive aging）と命名している。ここで重要なのは、プロダクティブ・エイジングという概念が、エイジズムに対する反論であり、社会構造の変化への提言だという点である。個人を超えた社会のレベルでも、高齢者への否定的感情や偏見が存在し、そのカウンターステアとして高齢者が「プロダクティブ」であることが望ましいと主張されているのだと考えられ、ここにも、老いに対する否定的偏見からそれに対する肯定的側面への、時代を経た対称

的な変移が見て取れる。

　井形 (2009) は、高齢者が享受する健康で幸せな明るい生活がサクセスフル・エイジング (successful aging) であり、プロダクティブ・エイジングやクリエイティブ・エイジングもほぼ同様な意味で用いられると述べている。サクセスフル・エイジングにおいては、高齢者が健康で意欲があり、生きがいを失わず、ストレスをさらりと受け流すような老年期の生き方を推奨している。それに対して黒川 (2004) は、「そもそも老いは、『サクセスフル』『アンサクセスフル』と二分できない。相矛盾する方向性、『絶望』や『孤独』と同時に『希望』や『統合』を同時に深いレベルで併存させることのできる心性こそが高齢女性の成熟ではないか」と指摘している。また秋山 (2008) は、「『自立と社会貢献』『生涯現役』という画一的なサクセスフル・エイジング理念をすべての高齢者に押し付けるよりも、むしろ彼らにとって大切で生きがいを感じることは何かを耳を傾けて聴き、それをサポートする方がよい」とサクセスフル・エイジングの考え方の偏りについて警鐘を鳴らしている。

　ユング (Jung, C. G.) (1931/1954) は、若者の生は明確な目標の追求にあるのに対し、高齢者は社会的に有益であることが目標になるのではなく、自らの個性的な意味を理解したり、自分自身の本質を経験することが目的となると述べている。人生の前半期において、勉学にいそしみ、社会性を広げ、家族を持ち、子どもを育てるといった目標・目的のために生きることとは異なり、老年期においては個別性を持った自分自身の意味や本質といったものが心理的なテーマになってくる。加えて、これまで見てきたように、老いは極めて多面的、多義的なものであり、視点によって矛盾を含んでいるものだと考えられる。

第4節　高齢者の心理臨床の方向性

　これまで述べてきた老いの心理的な特質を踏まえると、高齢者の心理臨床

において、特定の問題を解決すること、症状を除去すること、サクセスフル・エイジングを目指すこと、若々しく、明るく楽しい老年期を過ごすことなどといったように、単一のゴールに向けて、上昇志向をもって、リニアに（直線的に）心理的援助を展開させようとすることへの疑問が生じてくる。そのようなアプローチは、社会性の縮小、身体機能の低下、そして死が近づいてゆく中を生きるという老いの本質に抗う側面をどうしても内包してしまうのではないだろうか。

　竹中（1999）は、老年期の精神療法の本質は「悩みや不安のかたわらにいて、老いを生きることが大きな意味があると治療者が認識して患者を支えることにある」と指摘している。老年期における心理的援助においては、必ずしも単一の決まった正解や、そこに至る明確な解法はないかもしれないが、必ずしも上昇志向ではない生き方をも認め、現象を因果律で捉えるのではなく、今あるその人の姿に常に目を向け、矛盾を抱え、戸惑いながらも生き抜く高齢者の同伴者としてその傍らにいることが求められるのではないだろうか。

第5節　コスモロジーと「わたし」概念

　両義性や矛盾を含んだ高齢者のこころを捉えるとき、「コスモロジー」という考え方が有用だと筆者は考える。河合（1995）は、コスモロジーについて以下のように述べている。

　　　自分という存在を深く知ろうとする限り、そこには生に対する死、善に対する悪、のような受け入れがたい半面が存在していることを認めざるを得ない。そのような自分自身も入れこんで世界をどう見るのか、世界の中に自分自身を、多くの矛盾と共にどう位置づけるのか、これがコスモロジーの形成である（pp.101-102）。

また河合 (1989) は、人生後半とコスモロジーについて以下のように述べる。

　　人間にとっての人生後半の課題は、自分なりのコスモロジーを完成
させることである。コスモロジーとは、この世に存在するものすべて
を、自分もそこに入れこむことによって、ひとつの全体性をもったイ
メージへとつくりあげることである。世界を自分から切り離して対象
化するのではなく、自分という存在との濃密な関係づけのなかで、全
体性を把握しなくてはならないのである (pp.53-54)。

　　自己実現という考えは、とくに人生の後半のことも考えるとき、自
我の確立だけでは不十分であり、悪とか死とかをその構成のなかに取
り入れたコスモロジーが必要となってくるのである (p.55)。

　高齢者が自分と周囲の関係を築き、コスモロジーを形成させていく際に
は、自分自身の存在と、自身の中で生じる内的な自己関係が重要になるもの
と考えられる。また、特に人生後半においては、善や生だけでなく、悪や死
もその中に含んだ、まさにこころ全体としてのコスモロジーという視点が必
要になってくるものと考えられる。
　そこで本研究では、当人の全体性、すなわち、対称的な心性の間での葛藤
を含み、過去−現在−未来という時間軸や、現世・現実から死や宗教性といっ
た超越的なテーマをも含む、多義的で曖昧な広がりを持つこころ全体のあり
ようを「わたし」と仮定したい。それは、河合 (1995) が「コスモロジーは論
理的整合性をもって作り上げることができない。コスモロジーはイメージに
よってのみ形成される」と述べている通り、ここで仮定する「わたし」概念
も必ずしも論理的整合性を持つものではないし、哲学的に定義できるもので
もなく、あくまでも心理的援助場面における心理臨床家の「まなざし」の対
象となるイメージである。その「わたし」全体に心理臨床家が着眼し、高齢
者本人がその人らしくあること、「わたし」であることをサポートし続ける

ような視点からの高齢者の心理臨床に意義があるのではないかと考える。

第6節　本研究の目的

　筆者は、認知症高齢者を対象とせず、不安、心身症状、対人コミュニケーションや家族関係の問題といったことを主訴とする高齢者を対象とした精神科デイケアに参画し、心理的援助を行う機会を得た。そこで、医師や看護師と協働しながら、筆者自身がデイケアに主たる立場で関与することとなり、試行錯誤の中で心理臨床の実践を試みた。当該の精神科デイケアにおいて心理臨床家である筆者は、症状の消失や問題解決といった一方向的なあり方のみを臨床の目標に置くのではなく、悩みや不安を抱える高齢者の傍らにいて、当人がその人らしく存在できるよう最大限の配慮を払いながら、デイケアに参加する高齢者各人にきちんと焦点を当て、その語りをしっかり聴こうという態度を示し続けることを念頭に置くことを援助の方向性とした。すなわち、高齢者それぞれの「わたし」全体に着目し、そこに目を向け続けながら関わる試みである。

　このような心理的援助の方針を受けた本研究の目的は、「心理臨床家が高齢者の『わたし』全体に着目し、それを尊重しながら営まれた精神科デイケアにおける心理的援助が、高齢のデイケアメンバーにどのような体験をもたらすのかということについて、臨床場面の実際と臨床事例をもとに明らかにすること」である。

第7節　本研究のアプローチ——事例研究法について

　上述の研究目的について考究するために、本研究では事例研究法を用いた。その理由として、第一に本研究の対象が、様々な人生史を生き抜いてき

た、極めて個性的な高齢者であることが指摘できよう。高齢者の他ならぬ「わたし」について検討するとき、一人ひとりが一事例として意味を持っており、その特性は数量データによる比較や対比にはなじまないものと思われる。よって本研究では、事例を通じて、高齢者の心理臨床における普遍的な視座を抽出できればと考えている。

　第二には、心理臨床家として心理的援助に携わった筆者と、高齢者本人との間の関係性や、メンバーの発言や行動に対する筆者自身のイメージについて事例の中に示すだけでなく、それが実際の心理的援助にどのように反映されたかについて記述した上で論を進める必要があることが挙げられる。事例（ケース）の中に入った、高齢者と筆者の双方の心の動きを取り扱ってゆくこととなり、主観を伴った複雑なプロセスを検討するためには、事例研究が最も有効ではないかと考える。

　中村（1992）は、近代科学の三つの原理である「普遍性」「論理性」「客観性」が無視し排除した「現実」の側面を捉えなおす原理として、「固有世界」「事物の多義性」「身体性をそなえた行為」の三点を挙げ、これらを体現しているのが「臨床の知」だと述べている。これら三点を受けて河合（2001）は、①個人を重要視し、クライエント一人ひとりを固有の存在として見ようとすること、また治療者自身も固有の存在であり、同じく固有の存在であるクライエントと出会うことで「関係の相互性」が生じ、その記述の際には「関係の在り方」に対する研究が重要となること、②ある事や物や人などが、人によって異なる多義性を持ちつつ、ある人にとってそのときその場で圧倒的な重みをもって顕れ、それを大切にしてこそ、一人ひとりの生きてゆく過程に寄りそってゆけること、③クライエントの言葉に対して「耳を傾けて聴く」ことは、既に「身体性をそなえた行為」であることを指摘し、これら「臨床の知」が事例研究の出発点だと説明している。藤山（2006）は、臨床場面における同じ沈黙でも、その「場」や「雰囲気」の違いがあり、それこそが臨床的進展を推し量る指標となるが、それはセラピスト、すなわち事例の執筆者の主観的体験の違いによって感知されるしかないと述べており、これは河合の②に

ついての言及と重なる指摘だと考えられる。また山（2006）は、面接過程で深みに降りて沈潜し、拾い上げてきたものを、きちんと言葉を用いてこの世界につなぎ止め、体験の幾分かでも第三者に伝えることができるかどうかが、心理臨床家が事例について書くことの意味ではないかと言及している。

小山（2004）は、心理臨床が「成功率（数量）を問題にするアプローチから、成功に至る過程（質）を重視するアプローチへ」、また「人間関係においてうごめく心を丁寧にとらえていくことを重視するようなアプローチへ」と変化してゆくのではないかと指摘する。前節で述べた本論の研究目的に照らし合わせて考えれば、様々な異なる人生を歩んできた高齢クライエント個々人が、心理的援助の中で「いかに生きるか」「いかに老いるか」「いかに死を迎えるか」という普遍的な心理的課題に向き合い、心理臨床家が主観的に多様なことを感じながら、そこに寄りそう過程について明らかにしようとすること、その際の中核的な援助技法として、クライエントの語りをセラピストが「聴く」というアプローチが用いられることから、その研究目的を明らかにするためには、事例研究法を用いることが最も適切だと考えられる。河合（2001）は事例研究の評価について、「明確な形での『新しい』技法や概念を提示するものではなくとも、じっくりと取り組んだ事例報告に接した者が、新たな意欲をかきたてられたり、多くの新しいヒントを得たり、新しい感動を与えられたりするとき」には、その研究は評価されるべきであり、潜在的に何らかの「新しい」要因を持っていると述べる。本研究の評価は別として、筆者なりにじっくりと取り組んだ複数の臨床事例が、河合が言うように何らかの形で他の心理臨床家へ影響を及ぼすことを期待するとするならば、その研究技法として事例研究を用いることが最も適切ではないかと考えられる。

第8節　本書における倫理的配慮

本書では、第3章から第5章でデイケア場面について説明し、第6章、第7章において臨床事例を掲載している。

第3章から第5章におけるデイケア場面の説明や、そこで示す臨床素材は、本人が特定できないように内容に修正を加えたり、複数の事例や典型的なエピソードを基にして筆者が創作したものであり、特定の個人について言及したものではないことをお断りしておく。

また、第6章、第7章の臨床事例については、主治医の協力を得て、本書の目的とプライバシー保護について当該メンバーに伝え、本人より書面による許諾を得た。事例については、内容の本質を損なわない程度に改変を加え、個人情報の保護に配慮を行った。

第2章

高齢者に対する心理療法・心理的
アプローチに関するこれまでの実践・研究

　本章では、高齢者に対する精神療法や心理療法のアプローチについて述べ、その上で本論文で取り扱われるデイケアにおける高齢者支援の特徴について言及する。

第1節　高齢者を対象とした心理療法の特徴

1. 若年期を対象とした心理療法との異同

　高齢者を対象とした心理療法について考える場合、心理療法としての本質は他の世代を対象としたものと共通しているはずであり、また高齢者のみに有効な心理療法が存在すると考えるのは妥当ではない。しかし、実践の上では、高齢者の生理的、心理的特性および生活環境の特異性など、固有の問題を無視することはできないし、老年期の特徴や課題を念頭におく必要がある（新福, 1984; 黒川, 2005）。対象が若年者であれ、高齢者であれ、心理療法を行う際にはそのクライエントの生きるライフステージと、その心理的、身体的、社会的な理解が前提となることは言うまでもない。換言すれば、高齢者の心理臨床に際しては、老年期の特性についての理解が前提となり、それに基づ

第2章　高齢者に対する心理療法・心理的アプローチに関するこれまでの実践・研究　　21

いて、心理的援助が営まれる必要があると言えるだろう。

2. 身体症状の背後にある心理的問題

　竹中（2001）が「老年者が自ら精神科や心理臨床を訪れることは少ないと言われてきたが、身体症状で一般科を受診する高齢者は多く、その中にうつ病や心気症が多いことはもはや常識である」と指摘している通り、身体疾患が前景に現れていながら、その背後に心理的問題が存在していることは少なくない。須貝（2001）は、「老年期にはさまざまな身体的不調と精神障害が結びつきやすい。高齢期は、糖尿病、高血圧、リウマチなどの慢性疾患が飛躍的に増加する。腰痛、しびれ、めまい、耳鳴り、ふらつき、便秘、不眠といった愁訴が多くなる。疾病を多く抱えることがまた病気による苦痛や死の不安をいっそう強めることになる」と述べており、身体的な不調の訴えが、病や死といった実存的なテーマと結びついた時、心理的援助が求められることとなる。身体症状を発し、医療機関とつながることを契機に、自らの意志を持たずとも、内的な問いに向き合う、向き合わざるを得なくなることがあるという指摘もある（黒川, 2005）。

　心理臨床の実践において、症状や苦痛を消失させることを目標として援助を試みることは、現前している問題を取り除くという意味を持ちうる。しかし同時に、身体に関連する心理的症状が生じている背後には、その高齢者を取り巻く心理社会的な問題だけでなく、当人が生きている「老い」の心性が存しており、それら全体に目を向けながら臨床活動が営まれる必要があると筆者は考えている。繰り返し続く身体をめぐる訴えに耳を傾け続けることは容易なことではない。しかし心理臨床家には、実際の身体の痛みによる苦しみの声としてだけでなく、身体症状を出現させて訴えかけようとしているメッセージの存在を念頭に置くことが求められよう。

第2節　高齢者に対する心理療法

1. 支持的心理療法

　黒川 (2005) は、「高齢期のクライエントに対するあらゆる心理療法の基盤に、クライエントに対する支持的な姿勢がなければならず、支持的心理療法が基本とされている」と述べている。市井の高齢者が苦労や後悔を重ねながら、仕事や家族のために生きてきた、そのような当たり前の積み重ねこそが尊く、高齢者の存在そのもの、生きる営みそのものに畏敬の念を持つこと、そしてその人の歴史にじっと耳を傾け受け止めること、そのような態度が高齢者に対する支持的心理療法の基盤になるものと考えられる。新福 (1984) は、高齢者の精神療法においては治療目標をどこに置くかに迷うことが多いとした上で、「長からぬ生命、すっかり治る見込みが少ない、不十分な軽快にさえ長時間を要するといったことを考えると、苦労の少ない即効的治療法が望ましいが、そうなると対症的、表面的、支持的、場合によっては姑息的なものに甘んじなければならなくなる。真剣に老人の精神療法をやった人でこのようなジレンマに陥らなかった人はないであろう」と述べている。進藤 (2004) は、老人のカウンセリングにおいて、支持的であることを心がけ、患者のおかれた現実的な状況を視野に入れ、症状を早く穏やかに消失させるなどの技法上の配慮が必要であることを述べた上で、「カウンセリングが対症療法的また分析的なものにとどまって、いわば魂の問題への取り組みがなされないのは不十分であるように思われる」と言及している。竹中 (2001) は、高齢者の精神療法の基本として、どのような治療技法を用いるにしても、高齢者の置かれた心身の衰えの現実の下での孤独、死の現前化、適応などといった状況を踏まえると、受容がとりわけ重要だと指摘している。ここでの受容とは、生活指導や関係調整といった解決策や同情ではなく、ただ気持ちを受け止めて、その辛さや苦悩をわかることだと説明している。同様に竹中 (1999) は、たとえ家族関係に歪みがあっても、治療者の価値観で関係調整に

第2章　高齢者に対する心理療法・心理的アプローチに関するこれまでの実践・研究　　23

介入するべきではないと述べている。

　これらの言説を総合すると、高齢者に対する心理療法の基盤として支持的心理療法があり、高齢者の苦悩や不安をそのまま受容し、その苦痛を肯定する関わりが求められていると言えるだろう。

2. 精神分析的精神療法・力動精神療法

　高齢者に対する心理療法に関する言及の端緒として、フロイト（Freud, S.）（1905）を挙げている文献は数多い（Knight, 1999, 2004; 太田他, 1998; 下仲, 2007）。フロイトは、精神分析的な治療への適否を決定する重要な要因として患者の年齢を挙げ、おおよそ50代以上の人々は、精神分析的な治療のために必要とされる心的過程の順応性を概して欠いており、高齢者はもはや教育可能な存在ではなく、高齢者は多くの問題を抱えていることが多いために治療期間が無期限に長くなることを精神分析に関するレクチャーで語っている。このフロイトの言説を、高齢者への臨床活動が臨床家に忌み嫌われ、積極的に扱われないことの契機とみなしている論考は少なくない。心的過程の順応性（elasticity）の硬直化は、高齢者の心理の重要な特徴の一つであり、心理臨床において考慮されるべき要因の一つだと言えるかもしれない。

　高齢者に対する精神分析的精神療法について、アーデン（Arden, M.）（2002）は以下のような点を指摘している。一般的に、精神分析的精神療法を行うにあたっては、クライエント側にそれを受けるモチベーションがあるか、精神分析的な介入に対して自らが責任を負うことができるか、セラピーに見合う自我強度を有しているか、セラピーにかかる時間とそれに対する経済的負担を担えるかといった要件を満たしているかどうかを分析家が検討する必要がある。一方で、高齢者を対象とする場合には、現実に則って適宜条件を修正することが求められる。若年者に比して身体的にも社会的にも複雑な状況下におかれている高齢者には、クライエントの無意識的な心理と実生活における現実的な制限との間で、繊細なバランスを取りながら治療を進めることが

求められよう。一例として、クライエントとの身体接触やクライエントからの贈り物は、若年者とのセラピーにおいては問題をはらむものとして考えられるが、高齢者においては、クライエントが椅子から立ち上がるのに手を添えることも起こり得るだろうし、贈り物の拒否が治療関係を終了させるに十分な傷つきを与えることも考えられる。セッションの中では、治療者が沈黙を保ち、フロイトの言う「平等に漂う注意」に専心するが、アーデンは自らの経験から、高齢者とのセラピーにおいて長い沈黙は一般的ではなく、不安感がクライエントを多弁にさせることが多いと述べている。また、長期に及ぶセラピーの終結は、セラピストとクライエント双方の希望や必要性を勘案して決定されるが、それは人生を終えるというメタファーのようでもあり、終結を話し合うことがセラピーの主要な活動の一つとなる。高齢者においては、身体的、社会的な状況変化によって継続したセラピーが困難になるような場合は、支持的なセラピーを不定期に行うように変更する決断が必要であろう。終結のタイミングと履行は、セラピーの目標やセラピーそのものの継続可能性に依拠している。コーラー (Cohler, B. J.) (1998) は、高齢者に対する精神分析においては、セラピストの年齢が分析過程の展開に影響を及ぼすこと、セラピストが自身の老いに対する感情に対処できていないと高齢のクライエントが抱える個人的な困難に対応することが難しいことを指摘している。特に、老いた親を抱える中年期のセラピストは、老年のクライエントの精神分析を行うにあたって困難が生じることが予測される。

　ナイト (Knight, B. G.) (1999) は、高齢者に対する力動的精神療法の研究を総括し、コントロール群に比して力動的精神療法が有効であり、他の治療技法との比較では概ね等しい治療効果を持つと述べている。実際の臨床場面においては、期間を限定した分析的な介入が適当だと考えられたり、依然として伝統的な長期に及ぶ精神分析が最適だとも考えられている (Teri and Logsdon, 1992)。

3. 分析心理学

ユングは、特に中年期以降の発達という観点を重視し、成人の心理的発達についての理解を深めた（Staude, 1981）。ユングは、人のライフステージを太陽の動きと同様に捉え、水平線の始点をもって人生の始まりとした。人生の始まりの後、幼少期、青年期と発達が続き、太陽がちょうど中天に届くところを人生の中間点と捉えた。そこまでが「人生の午前」であり、以後を「人生の午後」として中年期、老年期を迎えると考えたのである（Jung, 1931/1960）。そして、心の内的な発達が中年期以降に起こると考え、中年期を境にした前半である「人生の午前」に対し、中年期以降の「人生の午後」に価値を見出した。中年期という人生の転換点を対称軸に、人生の午前と午後では心理的課題や、その意味や目的が異なる（Jung, 1917/1953）。将来に豊かな可能性がある若年者にとっては、心理療法による「過去からの解放」は問題解決に十分かもしれない。しかし、将来がもはや手招きせず、可能性が豊かでもなく、老年期の喜びに対しても懐疑的な「人生の午後」を生きる人々にとっては、親との関係や過去の出来事といったことではない、自分自身の問題に取り組む必要が出てくると言えよう。若年者への心理療法が、人生の拡大や確かな結果に向けた努力が一般的なテーマとなるのに対して、高齢者においては、能力の減退、これまでに自らが為してきたことの確認、更なる成長の抑制などがその特徴となるため、ユング（Jung, 1931/1954）は自らが経験した難しい臨床実践は、40歳以上の中高年に対する心理療法であるとも述べている。

　分析心理学的な視点から高齢者への心理的援助については、サウィン（Sawin, L.）ら（Sawin et al., 2014）によって、ユング派の立場からの高齢者支援についてまとめられている。ユング派の分析家であるグッゲンビュール-クレイグ（Guggenbühl-Craig, 1986/2007）は、老賢者元型に対する「老愚者」元型を提唱し、老年期において必ずしも高齢者が賢者となるのではなく、愚者のようにふるまうのもまた意味のあることであるとの指摘をしている。本邦においては山中（1991）が、夢、箱庭、連句などのイメージを重視した技法を

用いながら高齢者に対して行った複数の実践例を挙げた一書をものしている。河合 (1989) は、ライフサイクルの中での老年期について言及し、同じく河合 (1997) は、一般書の中で昔話などを用いて老いの心理について述べている。

ユングは、若年者とは異なる「人生の午後」に実存的な意義を見出し、加えて、老いを生きる者が抱く老若のアンビバレントな心理状態と心理療法の関連についての指摘を行っている。その反面、ユングが高齢者に対する心理療法の具体的な援助技法については述べることは極めて少なく、高齢者の抱く葛藤に対して何らかの治療的方向性を指示することも行っていない。これは、臨床家およびクライエントが、答えのない問いを生き抜くという厳しさに対峙することで、高齢者が生き得る豊かな可能性に開かれることを示唆しているものと思われる。

4. 実証主義的なアプローチ（認知行動療法・対人関係療法）

認知行動療法は、簡便でわかりやすく、治療目標を個人に合わせて無理なく設定できるという点で、高齢者臨床の中でも広く用いられるようになっている (惣滑谷, 2008)。認知行動療法は、不適切な思考パターンの修正を行う治療法であり、その介入効果は機能不全に陥った思考パターンを同定する能力に依拠している。治療技法の中心は、思考、情動、行動がいかに関連しているかをクライエントに教授することにある (Floyd and Scogin, 1998)。モーリス (Morris, R. G.) ら (Morris and Morris, 1991) は、認知行動療法的な介入が高齢者に有効な理由として、(1)「今ここで」への焦点化、(2) 実際的なスキルを伝え、能力を高める、(3) 構造化されている、(4) セルフモニタリングが可能である、(5) 教育的である、(6) 目標志向的である、といった認知行動療法の特性を挙げている。加えて日下 (2006) は、面接場面以外でも継続して問題解決に向き合える体系的な治療アプローチであること、クライエントと治療者が共に治療の効果を確認できることなどを挙げている。

第2章　高齢者に対する心理療法・心理的アプローチに関するこれまでの実践・研究　　27

　認知行動療法は、その治療アプローチの特性を活かし、抑うつ状態、不安、不眠など特定の症状の軽減を焦点に導入されることが多い。抑うつ状態の高齢者に対する治療においては、行動療法、認知療法、それらを複合した認知行動療法の有効性が多数実証されている（Zeiss and Steffen, 1996; Laidlaw et al., 2003）。エアーズ（Ayers, C. R.）ら（Ayers et al., 2007）は、不安障害の高齢者に対する実証的な心理療法の文献レビューを行っている。それによると、高齢期の不安感に対する認知行動療法の効用に関する公刊された研究9件のうち、7件において認知行動療法が適応であることが支持され、同時にうつ症状やQOLの向上にも改善が見られる研究があったという。スタンレー（Stanley, M. A.）ら（Stanley et al., 2003）による、老年期の全般性不安障害に対する認知行動療法の効果研究では、統制群と比較して認知行動療法による治療群の有効性が実証されており、介入後には、不安、うつ症状、心配事、QOLといった点での向上が見られた。また、バロークラフ（Barrowclough, C.）ら（Barrowclough et al., 2001）は、不安障害の高齢者を対象とした認知行動療法と支持的カウンセリングの比較研究を行っており、双方共に不安の改善が見られたが、12か月後のフォローアップ時には、認知行動療法による介入群においてより治療効果が残存していたという結果を示している。

　抑うつ状態にある高齢者に対する認知行動療法を実施する際の注意点として、フロイド（Floyd, M.）ら（Floyd and Scogin, 1998）は、認知的介入の初期の段階においては、絶望感の低下に焦点を当てること、無理に治療計画に則ったセッションを行わず臨機応変な対応が求められることを挙げている。

　対人関係療法は、焦点化され、短期的な、マニュアルベースの心理療法であり、わが国ではその実践報告は未だ少ないものの、アメリカでは認知行動療法と並んで、エビデンス・ベイスドな治療法として積極的に導入されてきている。ミラー（Miller, M. D.）ら（Miller at al, 2002）によると、対人関係療法は対人関係に焦点を当て、精神内界の葛藤は扱わずに、時間制限的に行われる。過去よりも現実志向的であり、特に抑うつを主訴としたクライエントに適していると考えられている。ヒンリックセン（Hinrichsen, G. A.）（2008）は、夫の

介護によって抑うつ状態になった75歳の女性に対して行った対人関係療法の事例を提示し、治療終結時にはクライエントの抑うつ感が消失したと報告している。

クライエントの呈する症状そのものの改善という点で、認知行動療法や対人関係療法は有効性が実証されている。高齢者の心理療法に関する論文を検索すると、近年に報告されたものの中では、特に英語文献を中心として認知行動療法と対人関係療法を扱ったものが圧倒的に多い。その背景として、治療技法としての明確さ、簡便さに加え、アプローチの中に心理教育的な意味が強く含まれており、治療期間が短くても学習効果が及んで治療後も症状発生を防ぐことができる側面がある。効果研究論文の多さは、これらのアプローチの実証性と関連していると考えられよう。また、ノークロス（Norcross, J. C.）ら（Norcross and Knight, 2000）によると、特にアメリカにおいては、医療保険制度の影響を受けて精神保健の産業化が進み、面接回数の制限、短期的で症状に焦点を当てた心理療法の適応が求められ、クライエント側の治療方法の選択の自由が制限されてきている。医療保険の支払いという現実的な制約の下で、回数が限定され、治療効果が実証された治療法が好まれるという社会背景が存在しているのである。わが国では、現在のところ医療保険制度の制度上の縛りはアメリカほどではないものの、身体的及び社会経済的な理由を背景に、長期間にわたる治療や治療費の支払いが現実的に困難な状況にあるクライエントも存在し、セラピストにはその状況に対する理解と配慮が必要となってくるであろう。そのような点からも、今後発展していく可能性が高いアプローチだと考えられる。

5. デイケア（集団精神療法）

高齢者を対象とするデイケアには、介護保険下で行われる「通所リハビリテーション」、医療保険の枠で実施されている「精神科デイケア」と、「重度認知症患者デイケア」がある。また、デイケアに似た施設として、介護保険

第2章　高齢者に対する心理療法・心理的アプローチに関するこれまでの実践・研究　　29

下で行われる「デイサービス」がある。介護保険によるデイサービス、デイ
ケアと、医療保険による重度認知症患者デイケアは、いずれの施設も、認知
症の高齢者を主たる対象としている。どの施設を利用するかは、利用者の病
態像で決められるものではなく、むしろ家族やサービス提供者側の都合によ
ることが多い。逆に言えば、利用者側がいずれかのサービスを自分の生活支
援に合わせて使うことができるのが利点だと考えられる（小野寺, 2005）。また
小野寺 (2003) は、介護保険サービスのデイケア、デイサービスは、高齢者の
状態が日常生活場面においてどのような不都合を生じさせているのかを評価
し、機能改善、機能維持、機能低下防止を目的として介入すると述べている。
　認知症高齢者を対象としたデイケアの実践例は多数みられる。小池 (2000)
は、重度認知症高齢者対象のデイケアにおいて、認知症の高齢者が生活リズ
ムを整えて問題行動の軽減を図ること、残存能力を活かして楽しい一日を過
ごすことを目的として、レクリエーションプログラムを実践している。また
高橋 (2003) は、重度認知症高齢者のデイケアにおいて、高齢者の孤独感や
不安感の解消を意図して、サイコドラマと統合精神療法を応用した集団精神
療法を行っている。一日のデイケアプログラムの中で、認知症の高齢者一人
ひとりが主役を体験できるような配慮がなされ、高齢者が自分の存在を確認
し直す貴重なきっかけになっているという。
　本邦の精神科デイケアは、欧米において取り組まれていた地域社会におけ
る治療 (community care) としての昼間施設治療 (Day Care) を参照し、1960年
代から研究、実践が行われてきた。1974年に社会保険診療報酬として点数
化され、その後治療メンバーに看護師を含むようになってから普及していっ
た (竹島・長沼, 2005)。厚生労働省 (2009) は、患者の症状やニーズに応じた精
神科デイケアの機能強化・分化の例として、統合失調症者や気分障害の患者
に、患者の治療目的に応じて役割や機能の異なるデイケアプログラムを提供
しているケースや、統合失調症の前駆期・急性期治療としてのデイケアプロ
グラム、うつ病などで休職中の者に対する復職プログラムとしてのデイケア
などを挙げている。

精神科デイケアの枠組みで高齢者を扱った先行例は極めて少ない。肥田
(2015) は、平均年齢が30代前半のデイケアの中で、病歴が長く若いメンバー
と話題や趣向が合わない高齢者を中心に、「ことさらなにかをするのではな
く、ともに時間を過ごすこと」を目的に、週1回の小グループが発足した例
を示している。グループが形成されたものの、メンバーが自然に抜け、グ
ループは解散に至ったといい、その理由として肥田は「魅力がなかったこと
に尽きる」と述べている。その後、時期を別にして、平均4名程度が利用す
る新たな小グループが結成されたが、そこでは「老後の自分の生き方」がメ
ンバー共通の関心テーマとなった。このことから、デイケアが単なる居場所
(place) としてでなく、目的 (purpose) とプログラム (program) を持った場であ
ること、少ないメンバーによる密度の濃い人間関係が構築されることが重要
であると述べている。加えて、高齢の統合失調症患者を主たる参加対象とす
るデイケアについて、「デイケアの目標は、QOLの向上であって、症状の
消失そのものではない」とも指摘している。稲谷・津田 (2006) は、高齢者デ
イケアに参加している不眠や抑うつ状態にある高齢者に対して、カウンセリ
ングおよび環境調整を行った事例を報告している。デイケアそのものではな
く、その枠組みの外で心理面接が営まれ、人生の葛藤や心理的な重荷を表出
できる時間と場所を提供しており、結果としてクライエントの認知機能及び
情動機能の安定とうつ状態の改善をみた。この事例は、クライエントはデイ
ケアに参加してはいたが、実質的には個人カウンセリングの経過について述
べられており、純粋なデイケアによる治療とも異なっている。

　先行研究を総合すると、デイケアによる高齢者支援は認知症を対象とした
ものがほとんどとなっており、認知症のない高齢者を主たる対象としたデイ
ケアはきわめて限定的であることがわかる。

6. その他のアプローチ

ここで取り上げた以外にも、回想法、統合的アプローチ、家族療法、マイ

ンドフルネス心理療法、人間性心理学、芸術療法、など多様な臨床アプロー
チが存在し、高齢者の心理的援助に用いられている。

第3節　本書における実践について

　高齢者に対する心理的援助の実践は多様であり、本章ではそのうちのいく
つかのアプローチについて概観した。来談する高齢者のニーズに応じ、また
心理臨床家の経験やこれまで受けてきたトレーニングの内容によって、どの
ような視点で高齢者に関わるかが決定されるものと思われる。

　本書における筆者の臨床実践においては、ユング（Jung, 1917/1953）が指摘
する「高齢者が自分自身の問題に取り組む必要性」を常に念頭に置きつつ、
山中（1991）による実践のように、高齢者の語りだけでなく、コラージュ、
描画、夢などのイメージ表現に着目し、そこへコミットすることを試みた。

　また、竹中（2001）の言う支持的心理療法、すなわち、高齢者のおかれて
いる状況を踏まえ、その気持ちを受け止めて、その辛さや苦悩をわかろうと
するスタンスも大切にしている。しかし、支持的心理療法が高齢者の情緒面
を受容することを提唱しているのに対し、筆者によるアプローチは、情緒面
のみならず、それよりも広い視野をもって「わたし」全体に着眼していると
いう点で、これまでにないオリジナルなものだと考えられる。

　次章以降において、高齢者の全体性を尊重し、その場で起きていることに
専心して、高齢者と共に居るという臨床スタンスの実際について言及してゆ
きたい。

第3章

本研究における精神科デイケアの概要

第1節　筆者らの臨床実践のオリジナリティ

　不安や身体の痛み、家族関係の問題などを主訴とする高齢者は、内科等の
かかりつけ医を受診することや、整形外科に足しげく通い定期的にリハビリ
を受けることが心理的サポートになっているなど、必ずしも精神科受診につ
ながらないケースが多いことが指摘されている（小山, 2003; 品川・繁田, 2003;
笠原, 2011）。仮に精神科、心療内科等の医療機関につながったとしても、医
師による短時間の診察と薬物療法が主たる治療となり、積極的な心理的援助
に至ることは少ないだろう。自ら希望すれば、カウンセリングを受けるチャ
ンスも得られようが、そのような例は必ずしも多くはないものと思われる。

　身体の機能低下や認知症があって介護保険の利用対象である場合、デイケ
アやデイサービスの利用が可能である。介護保険制度の下で行われる、通所
リハビリテーションとしての「デイケア」は、理学療法、作業療法、その他
のリハビリテーションを行うことが目的の施設である。また、通所介護であ
る「デイサービス」は、入浴、排せつ、食事等の介護、レクリエーションな
どを行い、介護や日常生活上の世話を行う場となっている。また、医療保険
制度の下では、「重度認知症患者デイケア」があるが、これは精神症状及び行
動異常が著しい認知症患者の心身機能の回復・維持を図ることが目的となっ

ている。これらの施設は、いずれも高齢者が日中の時間を集団で過ごす場であるが、心理的援助に主眼を置いたものではない。また、利用する者の病態や認知機能を勘案すると、不安やそれに関連する心理的問題を抱えながらも認知機能障害がなく、ADL（日常生活動作）に支障がない者にとっては、受けるサービスの内容、参加者とのコミュニケーション、活動性や身体能力等の点で、疎外感を感じたり満足感が得られないといったことが生じ得るだろう。

　一方で、地域の老人会や趣味サークル等は、心身の健康度が高く適応が良好な高齢者にとってみれば、人間関係のつながりを体験し、レクリエーション活動が行える場であり、心身機能を活性化する機会として活用できるであろう。しかし、不安や愁訴を抱えた高齢者にとっては、通常の対人関係と同様の心理的なストレスが生じるそのような場への参加に抵抗があり、足が遠のきがちである可能性がある。

　すなわち、不安や身体愁訴等の心理的問題を抱える高齢者は、地域医療、地域コミュニティ、社会福祉サービスのいずれにもしっくりとなじみにくく、精神科・心療内科クリニックによる診察か、心理相談機関に自発的に相談することでカウンセリングや心理療法を受けること以外に、援助の枠組みが見出しにくいものと考えられる。

　そこで、このような病態の高齢者に対し、精神医学的並びに心理社会的な援助を行うことを意図して、精神科クリニックに付設した精神科デイケアを開設し、臨床実践が営まれた（北山, 2014）。精神科デイケアは、「精神障害者の社会生活機能の回復を目的として、個々の患者に応じたプログラムに従ってグループごとに治療するもの」と定義されており、その対象は統合失調症、気分障害、発達障害、高次脳機能障害などと幅広く、その目的も、社会復帰・病気の再発予防、就労・就学などと多岐にわたっている。厚生労働省の資料（厚生労働省, 2009, 2013）によると、疾患分類で見た精神科デイケアの利用者は、統合失調症が圧倒的に多く、また年齢別でみると、青年期、成人期の利用者が全体の8割以上を占め、65歳以上の高齢者は、全利用者の約17％である。65歳以上の高齢者の疾患分類を見ると、統合失調症の利用者が多く、

75歳以上では、実数は少ないものの、認知症を中心とした器質性精神障害の利用者が見られる。つまり、高齢者の精神科デイケア利用率は高くなく、利用者の中心は統合失調症だと指摘できる。

　そのような中で、私たちの実践で「精神科デイケア」を用いた理由は、一つには精神科クリニックでのプロジェクトであったため、精神科診療の枠組みでできる支援である必要があったこと、また高齢者への心理的援助としては、継続的な個人カウンセリングを提供するよりも、デイケアという自由度の高い場を設える方が参加しやすいのではないかと考えられたこと、当該クリニックでは臨床心理士による私費のカウンセリング制度を導入していなかったことなどが挙げられる。これまでに実践例の極めて少ない試みだと言えるだろう。

　本章では、本研究の実践の場となった精神科デイケアの概要について説明し、実際の臨床活動の様子やその特質について言及してゆきたい。

第2節　デイケアにおける心理的援助の目的

　デイケア参加者に配布する資料には、以下のような文章を記載してデイケアの目的について説明していた。

　「精神症状の他、単身生活や身体疾患の不安、介護疲れ、老いの不安、家庭内での孤立など、老年期に抱えやすい問題から思うように健康的な日常生活が送れなくなっている方を対象とし、少しでも健康的な生活を取り戻せるようサポートすることを目的としています。医師、デイケア経験のある臨床心理士や看護師がチームを組むことにより生活機能の改善をはかり、より健康的な社会参加につなげていくための治療プログラムを行っていきます。」

この方向性に基づき、援助スタッフが考慮する治療目的は、次の4点で
あった。

① 安心できる居場所の提供とそこでの自由な自己表現の促進

② 他者との交流とそれに伴うピアサポートの獲得

③ さまざまなプログラムに取り組むことによる興味・関心の賦活

④ 医師、看護師、臨床心理士の連携による治療の促進

主治医（精神科医）による定期的な診察に加えて、デイケアにおいてこのよ
うな治療環境を提供することによって、参加メンバーが抱える精神症状や心
理的問題を和らげ、あるいは症状や問題がありながらも本人らしくよりよい
生活を営めるよう援助することを考えて臨床実践を行った。

第3節　デイケアの実際

1. 室内の様子

デイケアは、市街地のビル内にある精神科クリニックに隣接したスペース
にあった。

室内中央にはメンバー全員が対話をしたり、プログラムなどで作業をする
ことができるようなテーブルが配置され、それを囲んで6〜8人程度が座れ
るように椅子が置かれていた［写真1］。メンバーが定期的に来所するように
なると、自ずと好みの場所に自由に座ることが多かったが、メンバー同士の
人間関係、聴力や脚力などのメンバーの身体的特性を考慮して、スタッフ側
で席を指示することもあった。

離れた一角にはソファが置かれ、休み時間などにメンバー同士でくつろい
で過ごすのに使われることが多かった［写真2］。また、昼休みにはソファで
寝ているメンバーもおり、体調が悪いと訴えるメンバーに休養を取ってもら
う際に使用することもあった。ソファに面してテレビが置かれ、休み時間に

はテレビを自由につけて見てもらうようにしていた。来所する高齢メンバーたちの日常を考えると、普段はテレビと共に過ごしている時間が長いものと考えられ、それとの差異化を図るためにも、デイケアではプログラムとしてテレビ番組を鑑賞することはしなかった。

　プログラムで用いる文房具や画材、手芸用品、遊具などを棚にしまっており、メンバーの自主的な希望があれば、いつでも使ってもらえるようにしていた［写真3］。また、インターネットに接続されたパソコンが1台用意されており、主としてプログラムで使う材料や資料の印刷、情報検索に使っていた。パソコンそのものに全く無縁である高齢者が多い中で、スマートフォンやインターネットを日常的に利用しているメンバーもおり、パソコンに関する話題を共有しながらスタッフが一緒に操作することもあった。

　また、室内にはウォーターサーバーを設置し、お茶やコーヒーはセルフサービスとして各自に自由に飲んでもらうようにした。

［写真1］デイケアルーム全体の様子

第 3 章　本研究における精神科デイケアの概要　　37

［写真2］ソファとテレビ

［写真3］パソコン・文具等の棚

2. 開室状況

デイケア開設から2年間は週3日、その後の2年間は週5回の開室であり、開室時間は10時から16時までの1日6時間であった。メンバーは希望するどの開室日に参加してもよいこととし、予め次回の参加予定日をスタッフに伝えておいてもらう形をとった。

3. スタッフ

スタッフは、臨床心理士1名、看護師1名が1日のデイケアを担当した。臨床心理士、看護師ともに複数名のスタッフがおり、曜日ごとに交替で担当した。筆者は週3日の開室時はそのうち2日、週5回の開室時は4日を担当しており、デイケア全体に最も多く関与するスタッフであった。また、デイケアプログラム全体のマネジメント、ファシリテートは臨床心理士が主として担っていた。

4. 参加者

デイケアの対象者は、不安、抑うつ、心身症等の病態にあり、かつ認知機能の障害がなく、精神科医療と公的福祉サービスの境界にあって、精神科クリニックでの外来診療以外の支援を受ける機会のない高齢者であった。全てのメンバーが、隣接する精神科クリニックの患者であり、診断別にみると、適応障害、不安障害など、ICD10では神経症性障害に該当する者がその大半であった。身体表現性の訴えの強い者や、家族関係・対人関係に問題を抱えている者、眩暈やふらつき、睡眠障害といった精神面と深く関連があると推測される身体的な症状のある者も参加していた。

参加者のほぼ全員が女性であり、主治医がデイケアを紹介した男性患者自体が極めて少なく、結果として5回以上の継続参加となった男性はいなかっ

た。参加者は60代後半から80代後半までおり、各回の参加人数は、1名〜7名程度の小規模デイケアであった。1日当たりの参加人数は少なかったが、一度継続参加になると定期的に来所するメンバーがほとんどであり、時々来たり来なかったりといった参加スタイルのメンバーは少なかった。多くの参加者は同じ曜日に定期的に参加し、顔なじみになったメンバーやスタッフとの関係性が醸成されていく傾向が見られた。週5回の開室になってからは、週1回の参加ペースを崩さずに定期的に来所するメンバーの中から、週に2回、3回と参加回数を増やす者や、普段とは違う曜日に試しに来てみる者も出てくるようになり、曜日を超えたメンバー交流も見られるようになっていった。デイケアとしては、「決まった曜日に、決まったメンバー・スタッフに出会える居場所」という意義が大きく、そこでの交流による関係性の深まりによって安定的・継続的な参加に結び付く相乗効果があるように思われた。

　地域のクリニックということもあり、同一自治体内に居住する者がほぼ全員で、徒歩や公共交機関で来所するメンバーが多く、ごく一部は介護保険サービスによる介護タクシーを利用していた。メンバーの居住形態は、独居、家族との同居の双方が見られたが、ADLは保たれており、デイケア参加に際して家族による同伴や送迎を必要とするメンバーは皆無であった。この点で、送迎サービスによって施設に出向く介護保険下のデイサービスなどとは本質的な違いがあり、参加そのものが「自分からデイケアに行く」というメンバーの主体性に大きく委ねられていたことが指摘できるであろう。

5. 参加までの経緯

　精神科クリニックを受診した患者の中から、病態水準、デイケア参加によって得られるであろう治療効果、認知機能障害の程度などを主治医がスクリーニングし、参加が適切であるとみなされた患者に対して、まずは主治医がデイケアの紹介を行った。この時点で、参加意思を表明する者もいれば、明確に参加を拒否したり、抵抗を示す者もあった。

多少なりとも関心を示した患者に対して、主治医もしくはスタッフがデイケアを案内し、説明を行った。筆者が案内するときには、開室時間等の情報提供をした上で、「同世代の方々が集まって、お話をしたり、プログラムの活動をして過ごしているので、何回か試しに参加してみてはどうですか」といった言葉をかけることが多かった。

デイケア開室中に見学者が立ち寄った場合には、筆者自身で説明するだけでなく、実際に参加しているメンバーに声をかけ、デイケアについて率直に述べてもらうこともあった。そうすると、メンバーの中には、見学者に対して「楽しいですよ」「ぜひいらしてください」などと親切に誘う者だけでなく、「ここでは難しい作業をやらされて大変だけどね」などと冗談を言って座を笑わせる者もいた。筆者としては見学者にそのようなメンバーの反応もありのままに見てもらい、参加の判断を下してもらうのが一番よいのではないかと考えており、自由にふるまってもらうように配慮していた。見学者を前にしてデイケアについて語ってもらうと、メンバーから「ここは好きなことができて、自由に過ごせますよ」「言いたいことを話して過ごしています。何を話しても大丈夫ですよ」といった発言が出ることがあった。デイケアそのものについての感想を耳にすることが少ない中で、メンバーから自発的に出たこのような言葉を聴くとき、筆者には当該メンバーがデイケアの目的・意義を十全に理解し、かつ体験しているのだということを確認することができる瞬間にもなっていた。

スタッフの説明を受けつつも遠巻きに活動している様子を眺めている者や、すんなり輪の中に入ってメンバーと話し始めてそのまま参加につながる者、見学はしたけれども参加につながらないケースなど、紹介の段階での反応もそれぞれであった。

筆者をはじめとするスタッフの一貫した態度として、デイケアへの参加を強制したり指示したりすることはなく、真の意味でクライエントの主体的な意思によって参加がスタートするのが特徴だと言えるだろう。

6. 1日のスケジュール

デイケアの1日のスケジュールは、おおよそ以下のとおりである。

時間	活動内容
10:00～10:30	談話（各自の近況報告等）、看護師によるバイタルチェック
10:30～12:00	プログラム①
12:00～13:30	昼食、食後は自由時間（メンバー間での談話、テレビ鑑賞など）
13:30～15:00	プログラム②
15:00～16:00	自由時間

　精神科デイケアは、「実施される内容の種類にかかわらず、その実施時間は患者一人当たり一日につき6時間を標準とする」と厚生労働省によって定義されている。すなわち、「6時間」という枠組みの中で、その中で実施される「個々の患者に応じたプログラム」によって治療的活動が営まれる。6時間という長時間でゆとりがあることから、必ずしも時間設定を厳密に守るのではなく、プログラム内容やメンバーの状況・意向によって流動的に対応していた。例えば、作業を伴うプログラムで、作品が仕上がっていない場合などは、メンバーから時間延長やプログラム変更の希望が出ることも少なくなく、変更することがしばしばあった。むしろ、そのようなメンバーの主体的な意思決定には極力沿うように心がけ、意思が叶うように対応した。また、遅刻や早退はある程度容認しており、都合で来所が遅れたり、次の予定や体調によって早めに退室するメンバーもいた。なお、プログラムについては第4章において詳述する。

　デイケア全体の流れの中では、メンバーによる自由な談話がその多くを占めており、デイケアの特徴と言えるだろう。臨床心理士が中心となって個別のメンバーの話を聴き、それをメンバー全体が共有していることもあれば、メンバー同士がそれぞれに会話を進め、臨床心理士や看護師がそれぞれの輪

に臨機応変に加わることもあった。

　臨床心理士のファシリテーションの姿勢や、実際の対話の詳細について
は、第5章の臨床素材、および第6章・第7章の事例において検討し、考察
を加えてゆきたい。

第4章
デイケアのプログラム

第1節　プログラムの設定にあたって

　前章で述べたように、デイケアでは午前と午後に日替わりのプログラムを設定した。プログラムは、各月の最終週にメンバーに周知できるよう準備した。プログラムを作成するにあたって、例えば草壁・斎藤 (2002)、リンク (Link, A. L.) (1997)、ハイト (Haight, B.) ら (Haight & Gibson, 2005)、ホン (Hong, C. S.) ら (Hong et al., 2011) などを参照した。これらはプログラムのヒントを得るのに参考になるものであったが、認知症の高齢者を対象としていたり、日本人になじみにくいと考えられたりと、そのまま援用できるとは限らなかったため、「基本的にADLの問題はほとんどないが、加齢に伴う身体・認知機能の衰えには個人差がある」といった当該デイケアのメンバーに即したプログラムを検討した。

　プログラムがあまりに簡単な内容であれば、本来の知的能力にそぐわないために関心をもって取り組んでもらえないし、逆に難しすぎる内容であればモチベーションを維持できない。加えて、メンバー個々の興味関心や趣味、特技も様々であることから、プログラムを考えるのは容易ではなかった。子どもだましのような内容であれば、それはすぐに見透かされてしまうし、メンバーの心身の負担を検討する必要もあった。プログラムにかけられる予算

44

や設備の条件などの制約もあり、プログラムの立案はとても複合的な要件を検討する必要のある作業である。また、スタッフ（特に看護師たち）の個性や特技によってプログラムに厚みが増すことも多く、それらを活かすことも重要だと思われた。

　本章で説明するプログラムの実際については、筆者およびスタッフが、参加者にとってよりよい時間になることを考えながら試行錯誤を繰り返して練り上げていったものの一部である。実際に高齢者と関わる専門職に参照してもらえるよう、①プログラムの実際、②プログラムの特徴と治療的意義の二点について詳述する。

第2節　プログラムの実際と特徴

1. コラージュ

①プログラムの実際

　森谷（2005）は、言葉でのコミュニケーション、夢を聴く、描画を依頼する、箱庭を行う等のアプローチの使えない場合の最後の手段として、コラージュを用いると述べている。デイケアには箱庭はなく、グループで過ごす時間も長いことから夢を扱うのも容易ではなく、メンバーの気持ちやタイミングを考える必要があるように思われた。また多くの高齢者にとって、自発的な描画は抵抗感が強い場合が多い。そのような条件の下、コラージュは言語と非言語の橋渡しとして、また言語とは異なる次元でのイメージ表現として有効なプログラムと考えられた。

　認知症高齢者がコラージュを行った先行例は比較的多い（例えば石﨑, 2001; 原, 2006; 青木, 2008など）。認知症高齢者が対象の場合、ボックス法が用いられることが多いが、本実践では認知機能に大きな問題がなく、また写真の切断も自分でできるメンバーがほとんどであったため、マガジンピクチャー法

を用いた。数名のメンバーの小グループに対して十数冊程度の雑誌や旅行の
パンフレットなどを素材として準備し、この中から好きな写真を選んで切り
取り、画用紙に自由に貼ってもらうよう教示した。まれに、「動物の写真が
欲しい」などと特定のリクエストが挙がった場合には、筆者の準備した多様
な写真の切片から探してもらうこともあった。台紙は、白の八つ切りの画用
紙を用いることが多かったが、色画用紙も準備し、希望に応じて選んでもら
えるようにした。

　作業中は、手にした写真や雑誌の内容を話題に語り合うだけでなく、記事
を熟読するメンバーも少なくなかった。コラージュ制作と同時に、そのよう
な自然発生的な対話も場の中で扱いながら作業を進めた。プログラム時間の
終了前には、仕上がった全員の作品をホワイトボードに掲示してメンバーで
作品をシェアし、各メンバーに自分の作品についてコメントしてもらった。
敢えてタイトルをつけてもらったりはせず、作品そのものを味わい、その表
現を尊重することに主眼を置いていた。スタッフも共に作品を作っており、
メンバーがそれに対して感想や意見を述べることもあった。後段の第6章で
示す事例1の中では、メンバーの作品に対するスタッフの反応を見て、自ら
の性格傾向について考える場面が出てくる。作品そのものだけでなく、それ
に対するスタッフのありようもメンバーのこころを動かしていることが示唆
されており興味深い。

　また、定期的に翌月のカレンダーにコラージュを添えて、カレンダーを自
作するプログラムを設定することもあり、作品を持ち帰り家でカレンダーを
利用できるというメリットがあるようだった。

②プログラムの特徴と治療的意義

　グループでの治療環境下で、かつ箱庭の設備がない中で、イメージ素材を
用いた表現ができるという点で、とても有用なプログラムだと考えられた。
一方で、森谷（2005）も指摘しているが、あまり制作のモチベーションやエ
ネルギーがない場合も、「食べ物」「お花」などのシンプルなテーマで数枚の
写真を貼ることで1枚を仕上げることができるのも特徴であり、表現の拒否

もしやすく、侵襲的でないという利点がある。

石崎（2000, 2001）は、認知症高齢者のコラージュ表現の特徴として、貼られる切片数の少なさ、余白の多さ、切片が四角形に切られる傾向、切片の並行配置といった特徴を指摘している。一方で、柴田（2012）は在宅の女性高齢者を対象にコラージュ作品の研究をしており、その結果からは、カラー台紙の使用、切片が写真のような四角形ではなくアイテムの形状に沿って切られること、細かい切片の使用と動きのある配置、重ね貼り、人物像の貼付といった特徴が見て取れる。本研究のメンバーによって作成されたコラージュは両者の特徴を併せ持ち、四角形の写真を用いた固定的な作品もあれば、色画用紙に数多くの切片を重ね貼りした動きのある作品まで多様であるのが特徴であった。作品に一言を添え書きする者もおり、メンバー本人の意向にできるだけ沿い、制作ニーズに応えるよう対応した。ほとんどのメンバーが1枚の作品を制作していたが、「もう1枚作りたい」と自ら希望する者や、自ら貼りたい写真を持参する者もあり、高齢者の創造性を賦活させるプログラムだと言えるだろう。

作品に選ばれたアイテムの中に、過去の思い出、願望、自己イメージ、スピリチュアルなモチーフなどを見て取ることができることもしばしばあるし、連続した作品のプロセスに変化が表現されることも多いように思われた。必ずしもそれを制作者に伝え返さなくとも、そのようなイメージを持ちながら治療者が作品を見守ることに治療的な意味があるものと考えられた。

2. 塗り絵

①プログラムの実際

デイケアで10冊ほど塗り絵集を所持しており、メンバーに冊子の中から希望する下絵を選んでもらった。また、適宜インターネットで下絵を検索し、提供することもあった。塗り絵集は、風景、花、季節の風物などをテーマにした、大人を対象とした塗り絵を中心に用いた。下絵の細かさや、判型（B5

版や、絵葉書サイズなど）などのバリエーションを持たせ、その時の気分によって選んでもらえるようにした。また、大人を対象とした塗り絵だと、視覚認知の問題から下絵が見えづらい、細かすぎて色分けが難しいといった問題が生じるメンバーもいたため、塗り絵集の難易度にも幅を持たせられるように配慮した。コラージュと同様に、時間終了前に全員の作品を掲示してメンバー一同でシェアし、互いに感想を述べあうようにした。彩色には、色鉛筆、クーピーを用いた。画材としてクーピーを知らない高齢者もおり、それを使うこと自体が新鮮な体験になっているようだった。

②プログラムの特徴と治療的意義

　自由描画に比して抵抗の出にくいプログラムではあるが、それでも苦手感を訴えるメンバーはいた。彩色の上手下手を問わず、まずは塗ってみることを促し、その後の作業はメンバーの自主性に任せた。几帳面な性格ゆえに細かな配色にこだわりを見せたり、逆にさっと塗って終わりにする者もおり、そのプロセスについては個性として受け止めるように対応した。「もう少し丁寧に塗りましょう」と塗り方について指摘したり、「この色を使った方がいいですよ」といった教示は一切行わなかった。現代アートのような独創的な色使いをする高齢者はまずいなかったが、個性的な配色だと感じられた際には、スタッフがシェアリングの際にその意図を尋ね、「自由でいいですね」「考えて塗っていますね」といったフィードバックを全体に返すようにしていた。本人が「変な色になってしまった」と気にする場合には、気になる部分や内容についてスタッフが尋ね、どのようにしたかったかのイメージを話題にすることで、想像の上で本人の感性が表現できるように試みた。作業そのものに没頭できる時間を持てること、作業そのものがそれほど難しくなく、制作者自身が「失敗した」と感じるようなことにはなりにくく、一つの作品を自分で仕上げた感覚を抱くことができるのがメリットだと言えるだろう。

3. 絵手紙

①プログラムの実際

プログラム導入前には、初心者向けの絵手紙のテキスト、顔彩、絵筆を準備した。自ら図柄を考えるのではなく、テキストから好みの絵柄を選び、それをお手本として真似して描く者が多かった。季節に見合ったデザインが選ばれやすい傾向にあったが、必ずしもそれに限定せず、好きな図柄を作品にするように促していた。園芸と連動して、手ずから収穫したナスやゴーヤなどの作物を見本にして描くこともあった。手紙文については特に定めずメンバーの自由に任せるようにしたが、オリジナルの文章を記す者は少なく、テキストの文章を参照しそのまま写して書くメンバーが多かった。

②プログラムの特徴と治療的意義

描画、書字に対する苦手感が強いメンバーは、あまり本プログラムを好まない。彩色の前に下絵の描線をする必要があり、また何らかの手紙文を書き入れて作成しなくてはならないからである。筆者らの実践では、「描線はゆっくりと時間をかけ、少し線が乱れるくらいでもよい」「書字も、書道のような美しい文字ではなく、その人らしい崩れがあったとしても味がある」といった、一般的な絵手紙作成上の指示を参考にして、「絵や文字に乱れがあっても、それが本人らしさである」という視点からメンバーに対応していた。しかしそれでも、絵や文字の巧拙へのこだわりが強く、自らの描画に対する自信のなさを表明する者もあった。基本的には、スタッフが巧拙に対しコメントをすることはなく、かといって無理に誉めることもせずに、目の前にある作品を受け止め、感想を伝えるような関わりをもった。

果物や野菜といった旬のモチーフが選ばれることが多く、制作過程で季節感のある話題が展開しやすい。作品はそのまま持ち帰ってもらっており、制作した絵手紙で実際に家族に手紙を出したと報告する者もあった。

4. ペーパークラフト（工作）

①プログラムの実際

インターネットで検索すると、個人や企業のホームページなどでペーパークラフトの展開図が比較的豊富に提供されており、それを活用して下絵を準備し、厚口の画用紙に印刷して台紙とした。季節の作品（雛飾り、端午の節句の兜、クリスマスカード、正月用のポチ袋など）だけでなく、人形、日めくりカレンダー、モビールなどは、出来上がった作品をデイケア室内に飾り付けることあった。牛乳パックを用いたペン立てやトレイを作成したり、新聞紙を使ってバッグを作成したりと、材料や出来上がる作品に幅を持たせて、メンバーに関心を持ってもらえるように常に工夫を試みていた。

プログラムとして導入する前に、実際に作成して難易度を体験し、結果として見本となるものを積極的に作成してくれる看護師スタッフがおり、モノづくりが得意な個性を活かして重要な役割を果たしてくれていた。

②プログラムの特徴と治療的意義

このプログラムの利点は、出来上がった作品が日常生活の中で使用できる場合が多く、実利性があると同時に、複雑な作業を経て完成させたことによる自尊心の高まりがみられることであった。

高齢者にすると、ペーパークラフトや工作自体をこれまでにやったことがないという者から、手先が器用で細かい作業が得意な者まで様々な制作レベルに分かれていた。スタッフ2名で制作の進行をサポートしていくため、自ずと「先に進めるメンバー」と「時間がかかるメンバー」に分かれることが多く、後者への配慮が重要であった。

手指の巧緻性の低下により、ハサミやカッターでまっすぐな線を切ることが難しい場合もあった（道具が適切に使用できないメンバーはいなかった）。また、視力の低下に伴い下絵の線がはっきりとしないために、作業自体に自信を持って取り組めないこともあるようだった。普段からこのような工作作業になじみのない高齢者にとって、「のりしろ」のどちらが上に来るのかを判断

したり、「＊を反対側の＊に重ねる」といった制作上の細かな指示に従うことなどは、立体イメージをもって作業に臨むことが要求されることもあり、困難を感じることが多いようだった。

　このような場合も含め、メンバーと丁寧にコミュニケーションを取りながら、スタッフがどこまで動くかを常に考えながら関わるようにしていた。例えば、あるメンバーが「これは難しくてできない」と言ったとき、能力的に負担のかかる作業を課しているのか、モチベーションや気分の問題なのか、甘えの表明や冗談めいた関わりといったスタッフとのコミュニケーションの一環としての発言なのかといったことを見立てる必要があると言えるだろう。

5. 手芸（刺子、編物）

①プログラムの実際

　刺子のプログラムでは、事前に図柄が印刷されている市販の刺子布と刺子糸を購入し、メンバーに好きな図柄を選んでもらっていた。購入する図柄は、いわゆる花ふきんと呼ばれる古典的な幾何学模様のものを中心としながら、季節のデザインやディズニーなどのアニメキャラクターなども織り交ぜ、バリエーションに富むように工夫した。1枚の刺子は、数回のプログラムを使って完成に至る。編物については、デイケアで用意した編棒や毛糸を使って、自由に作品を作っていた。女性が多くほとんどのメンバーが編物の経験者であったが、初心者も稀におり、上手なメンバーとの間で自然に師弟関係が生じることもあった。

　西村（2018）は趣味活動には「一人でする活動」と「人と一緒にする活動」があり、活動そのものを楽しむことと人との交流を楽しむこと、更には趣味に没頭することで精神面のリラックスが得られると述べる。手芸の場合、基本は一人での活動であるが、作品を通じて他者との交流も生じ、また作業に集中することによる気持ちの安定も見られ、結果として自らの活動の成果が目に見える作品として仕上がり、ふきんやマフラーなどとして活用できるこ

第4章　デイケアのプログラム　51

ともあって、多くのメンバーから好まれるプログラムであった。

②プログラムの特徴と治療的意義

　手芸を好む女性は多く、普段は多弁なメンバーが黙々と作業に没頭し、休み時間などに自主的に作業を希望することもたびたびあった。刺子の場合、単純な幾何学模様から、複雑なキャラクターまで多彩なデザインがあり、自ら難易度の調節ができること、難しい作品にもチャレンジできるのが大きな特徴である。また、刺子に慣れたメンバーが、より複雑なこぎん刺しに自ら挑戦することもあり、複雑な作品を作り上げることが自信につながっているようだった。

　高齢者の場合、若い頃に手芸に親しんでいたメンバーが多いが、視力低下や指先の巧緻性という点で加齢の影響を受け、思ったように作業ができないと嘆き、苛立ちを示す場面も散見された。無理に作業を続けるよう促すことはもちろんなかったが、「目が痛い」「指がうまく動かない」などと執拗に訴える者もおり、そのようなときに筆者は、作業がうまくいかないことを通じて、自らが直面している老いとその不遇を訴えているようにイメージしながら聴いていることが多かった。スタッフが手を加えて整った作品にするのではなく、あえてその「できなさ」に留まって不満を聴くようなスタンスで関わっていた。実際には、いったん休止して作業を取りやめてもよいし、完成期限があるわけでもないのでマイペースで取り組んでよいことを伝えた上で、そのようなメンバーの訴えを聴いていた。また、若い頃はどのような作品を作っていたのかといった話題で、作業はしなくても回想の語りによって時間を共にすることもあった。

　刺子では、縫い始めの位置が特に決まっていない図柄が多いのだが、「どこからスタートしたらよいか」とこだわり、少し縫ってはもう一度やり直す者もいた。スタッフが「（縫い始めている）その場所でいいですよ」といった教示をしても、なかなか納得せずにやり直すことも見られた。そのような場面を筆者は、新規な取り組みに思い切って参入することの難しさの表れとして捉え、恐々と縫い出すプロセスを重要なものとみなしながら見守っていた。

一度縫い上げた部分を「下絵の目の通り縫えていない」といった理由で糸を抜いて縫い直したり、編物をしながら「編目が揃っていない」「編目の数が違う」といって編み直したりするメンバーもあった。このような動きに対して筆者は、メンバー個々の几帳面さ、完璧主義の表れであると同時に、「思った通りに行かない時のその人なりの対処」として理解し、やり直しを止めることはなかった。興味深いことに、次第にそれを見ているメンバーから「そこまで気にすることはない」「ちゃんと縫えているから大丈夫」などとサポートする発言が出て、「そうかしら」「これでいいわよね」などと気持ちを収め、先に進んでいくことがしばしば見られた。

　仕上がった作品は持ち帰ってもらっていたので、家族に見せ、プレゼントすることで喜ばれ、感謝や評価を得る契機となることが作業のモチベーションになっている者もあった。デイケアでの作業を契機に、自ら手芸店で刺子を購入し、家で自作しているメンバーもおり、家での活動性に影響を及ぼしているようでもあった。

6. 染物 (藍染、草木染)

①プログラムの実際

　藍染の場合、藍染用の染料のキットが市販されており、それを用いた。草木染では、玉ねぎの皮を煮沸して染料を作った。いずれの場合も、メンバーに自宅からハンカチ、手拭い、Tシャツなど白い素材のものを持参してもらい、それに染めることとした（スタッフも予備の白布を準備した）。手順の詳細は藍染キットの指示に従い、草木染についてはインターネットで検索し（専門的なものから小学生の自由研究まで幅広くある）、参照した。基本的には、(1) 箸やビー玉などを使って「染まらない箇所」を作り、布を小さく折りたたんで輪ゴム等で固定する。(2) それを染液に浸ける、(3) 染め上がった布を開く、という手順である。出来上がった作品はすぐに持ち帰らずに、デイケアの中で展示して互いの柄をシェアすることができるようにすることで、メンバー

間で感想を述べあう機会を設けるように配慮した。

②プログラムの特徴と治療的意義

このプログラムの興味深いところは、上記（1）の段階で、おおよそこのような図柄に染め上げたいと考えて準備するものの、きっちりイメージ通りに仕上がらないことも多く、(3)で実際に開いてみるときに楽しみや驚きが生じることである。予想していた通りに仕上がらないこともあり、スタッフとしては基本的にはそれもまたよしとして受け止めるようにしていた。同時に「ああしておけばよかった」「ここがまずかったのではないか」といった反省や後悔の念を語る者もあったが、筆者は染物に対する感情として理解すると同時に、人生における思い通りにならないことへの不全感と重ねながら聴いていた。一度染め上がるとその模様は修正不能であり、想定していたものと異なるその図柄をどう受け止めるかというこころの動きは、きわめて臨床的な意味を持つものと考えられた。

（1）の段階では、特に神経質なメンバーは折りたたんだ布のズレにこだわる傾向が顕著であり、加えて輪ゴムをかける作業に握力がいるため、適宜スタッフのサポートが必要であった。上述した「思い通りにならないこと」に対し、事前の準備として何度でも布を折り直すことが可能であり、やり直すメンバーも見られた。多少時間がかかってもできる限りはそのプロセスに付き合い、納得のゆく下準備ができるよう、「ゴムを強く巻いて欲しい」「布のズレを直してほしい」といった要請に応じ、スタッフが手を加えるようにしていた。

自明のことながら、染めたハンカチや手拭を実際に使用可能であるという実利性も本プログラムの大きな特徴だと考えられた。

7. 数独、クロスワードパズル、クイズ

①プログラムの実際

数独、クロスワードパズル、クイズの問題は、インターネットから問題をプリントアウトするか、新聞や雑誌に掲載されているものを用いた。いずれ

も、ルールや解法がわからないメンバーに対してはスタッフがまず教示した。解く早さがメンバーによって異なるため、各人のペースで解き進んでもらい、必要に応じて助言や解答のチェックを行った。クイズは、間違い探し、迷路、点つなぎなど、クイズ関連の冊子を購入して利用することもあった。可能な限りスタッフが事前に解いてみて、難易度について把握しておくようにしていた。

②プログラムの特徴と治療的意義

　数独は、ルールを習得すると大抵の人は楽しめており、市販されている本を購入して自宅でも取り組み、少しずつ難易度の高い問題に挑戦していく者もあった。周知のとおり、数独は1から9までの数字を縦列、横列、3×3のマス目のいずれにも揃え、決して重複しないというルールがある。個人での作業ゆえ、グループとしてのコミュニケーションはとりにくいが、課題に対する個性が現れるプログラムである。特に筆者の印象に残るのは、知的にはそれほど高くなく、知識を前提とするクイズを苦手としていたメンバーが、数独では1から9までをゆっくりと粘り強く数え上げながら、マス目を埋めていくプロセスである。そのメンバーの地道で誠実な課題への向き合い方、仕事への取り組み方がそのまま反映されているように思われた。

　一方でクロスワードは語彙や知識の力の影響を受ける。そもそもこのようなクイズが好きなメンバーや、ある種のテストのように「自分で解く」ことを自ら課しながら楽しんでいる場合は、本人のペースに合わせて進めてもらった。一方で、クイズになじみのない者、語彙や知識量の制約があるメンバーにとっては、容易に解答できない難しい課題となり得た。このような場合、なるべくスタッフが個別に対応して、筆者の場合は一つひとつの項目にわかりやすいヒントを出し、もし言葉が出てこなかったとしても連想ゲームのような形で言葉遊びを楽しみながら、ゆっくり進めることにしていた。先に解答できているメンバーにヒントを出してもらうように頼み、メンバー間でのやり取りを促すこともあった。筆者の考えとしては、正答を導くこと自体が目的ではなく、問題が難しかったとしてもプレイフルな関わりを通じて

課題が思うように進まないことやわからないことを体験し、それを一緒に味わうような心理的プロセスの質を何より重視していた。

点つなぎについては数独と同様に一つひとつ数え上げてゆけば形になるため、どのメンバーも楽しめる内容だった。迷路や間違い探しは、視覚情報処理の力が求められ、得手不得手に個人差が見られた。迷路であれば、途中までのルートをヒントとして示したり、間違い探しは間違いのあるエリアを示すことで見つけ出しやすくするなど、同様にやり取りを楽しむように心がけていた。

筆者はそのような心理的援助の視点をもって関わろうと試みたが、スタッフによってはこのようなスタンスがなかなか理解しがたく、「少しでも早く、正しく解いた方がよい」という、ごく一般的な立場からメンバーたちに関わる者もあった。この場合、解法の説明と正答の教示というコミュニケーションになるため、間違いに対する厳しい指摘にしょげてしまうメンバーもあった。あまりにもメンバーへのあたりがきつい場合は、デイケア終了後にそのことを伝え、「メンバーはただ解答が知りたいのではなく、解き方を教わる関わりを求めているのでは?」「80代の人にすれば、すらすらと解くには難しい問題かもしれない」といった視点を提供するようにしていた。しかし最終的には、デイケアメンバーが種々の個性を持った人間の集まりであるのと同様、スタッフにも個性や視点の相違が生じることがあり得るので、デイケアというコミュニティの中でその人らしくメンバーと関わってもらうことが重要ではないだろうか。

8. 園芸

①プログラムの実際

デイケア室のベランダに、プランター、栽培用の土、ポール、ネット等を準備した。春先には、メンバーの希望を聞きながら、グリーンカーテンを作成することを意図して、ゴーヤ、キュウリ、インゲン等、また鉢植えとして

ナスやトマトを植えた。高所のネット張りなどはスタッフが行ったが、土づくり、種まき、水やりなどはメンバーが行った。夏場になると野菜が収穫でき、昼食時にメンバーで味わった。秋になると、枯れたツルをネットから取り去り、土を乾かす作業を共同で行った。冬場は、寒い中でも育つ花を植えた。園芸に関しては、作業自体に関心のある者とない者がはっきりと分かれていたため、関心のあるメンバーが集まっている日を中心にプログラムを設定するようにしていた。

②プログラムの特徴と治療的意義

近藤・髙橋 (2018) は、農作業を取り入れたデイケアプログラムについて、「治療者がメンバーにサービスを提供するという一方向性ではなく、治療者の知らないことをメンバーから教わったり一緒に調べたりしながら作業を進めていく協同制作 (コ・プロダクション) の姿勢を心がけている」と述べる。筆者は園芸に関する知識は全くなかったが、花や野菜作りに詳しいスタッフやメンバーが何名かいたため、自然とメンバーの知識や経験に助けを求めながら営まれたプログラムであった。実際の活動にあたってメンバーに助言を求めると、自信をもって経験談を語り作業の指示を出してくれていた。園芸プログラムでは、比較的身体の自由が利くメンバーが積極的に土づくりなどの重労働を引き受け、あまり園芸に詳しくないメンバーは、スタッフに道具を手渡したり水やりをしたりと、自分ができる作業を率先して行い、身体的に作業が難しいメンバーも、ベランダで皆が作業しているのを見守りながら日向ぼっこをしたりと、参加メンバー全体の共同作業が自然発生的に生じるプログラムであった。

プログラムとして園芸を行うのは、集中した作業が必要な春や秋の時期であったが、水やりや葉の剪定などは自由時間に関心あるスタッフ・メンバーによって継続的に行われていた。作業に加わらなくても、来所ごとに植物の成長を観察するメンバーは少なくなかった。「野菜はちゃんと関わればじわじわと愛着がわき、単なる収穫量では測れない豊かな体験を返してくれる (近藤・髙橋, 2018)」という言葉通り、土づくりや種まきから収穫に至る長い

プロセスをスタッフ・メンバーが共にする豊かさがあり、収穫の喜びと共に、台風や虫の被害といった困難も共有しながら展開していくという点で意味深いプログラムだと言えるだろう。

9. 体操・運動、お灸

①プログラムの実際

メンバーの中には、日ごろの運動不足や体重増加のため、デイケアで運動をするプログラムを実施してほしいというニーズがあった。デイケアでは、昼食後にラジオ体操を実践するほか、デイケアで行った運動量を記録に残し、継続的な運動の指標としていた。またプログラムとして、自治体が提供する運動プログラムを用いて運動する日を設けることもあった。筆者と看護師によるプログラムであることから、万が一事故が起きることが一番の懸念であり、着座での運動や椅子に手をかけながらの立位運動にするなど、メンバーの状態に合わせて危険のないように配慮した。

ゲーム感覚で、輪投げ、パターゴルフ、ペットボトルによるボーリング、テーブルを使った卓球などを行うこともあった。これらは、身体運動と同時にレクリエーション的な要素を含ませ、楽しく体を動かす時間となるようにプログラムを運営した。

お灸については、市販のものを使いリラックスしてもらう時間を持った。足や肩などに置きたいと希望する者もおり、看護師が対応した。手馴れてくるとメンバーが各自患部に灸を置いて楽しんでいた。

②プログラムの特徴と治療的意義

足腰の治療のために整形外科を受診しているメンバーがほとんどであること、医療機関として理学療法士が在職しておらず身体機能のアセスメントができないことから、上述の通り安全面への配慮を重視した。「運動は一人ではやらないけど、ここで皆と一緒なら」というような集団による活動促進効果があり、比較的運動のできるメンバーを見て「もう少し頑張ってみよう」

と意欲が向上する場面もあるようだった。

　灸に関しては、灸そのものでマッサージ的な効果を得るだけでなく、香り
と静かな時間が有効に機能するものと考えられた。また、幼少期に実際に
「お灸をすえられた」という体験を語るメンバーもしばしばおり、思いがけ
ない回想のきっかけになることもあった。

10. 散歩・外出

①プログラムの実際

　プログラムとして近所の公園、緑道などへの散歩や、お花見の季節に桜を
愛でるため外出するようなプログラムを組んだ。ゆっくり歩いて2時間程度
の外出で、デイケアに戻ると食事や休息が取れるような設定で行っていた。
医療機関として移動用のバスや車などは保持していなかったため、自動車移
動による外出はプログラムになかった。また、スタッフが2名と限られるた
めに、安全に配慮して電車やバスを使った外出も行わなかった。

②プログラムの特徴と治療的意義

　デイケアのメンバーは、介護タクシーによる送迎や、足腰の苦痛から自ら
タクシーを利用する者が一部いたものの、基本的にはバスや電車の公共交通
機関を使って来所していた。そのために、デイケアに着いた後に改めて外出
するという希望は少なく、またお花見や外食などは家族や友人などと行う
チャンスがあるために、デイケアでそれを目的とした外出をすることはか
えって身体的な負担になるという意見も聞かれた。プログラムとして企画し
ても、「ここでおしゃべりしている方がよい」などとメンバーが意気投合し
てプログラムを変更し、外出しないこともあった。歩行に負担がある者から、
全く支障のないものまで幅広く、他のメンバーが歩いているのに一人車椅子
で移動することへの抵抗を見せるメンバーもおり、全体的に見ると、外出を
楽しみにしているというよりは、室内で別の活動をしたり、談話に興じるこ
とを希望する者が多かったように思われる。

11. 映画鑑賞

①プログラムの実際

　クリニックが所有していたプロジェクターとスクリーンを使って、月に数回、大きな画面で映画を上映する機会を設けていた。日常から洋画に関心を持つメンバーは数人いたが、字幕作品は読むスピードがついていけないなどの意見もあり、ほとんどは邦画を上映していた。吉村（2004）などの映画案内を参考にしながら、メンバーの関心も考慮しつつ筆者が作品を選ぶことが多かった。家族がテーマとなった『東京物語』『秋刀魚の味』といった小津安二郎監督作品はメンバーの関心が高く、『男はつらいよ』『学校』『母べえ』といった山田洋二監督作品、『南極物語』『あなたへ』といった高倉健が主演する作品などを取り上げた。また、メンバーたちが日常生活の中でテレビを楽しむ環境にあることから、必ずしも過去の名作にこだわらず、『阿弥陀堂だより』『HOME 愛しの座敷わらし』『星守る犬』など、比較的新しい作品も扱った。テレビドラマではあったが、『おしん』はどのメンバーにも好評だったのが印象深い。メンバーの希望に沿い、全体的にはコメディよりもホームドラマを選ぶことが多かった。

　真剣に観ている者だけでなく、ソファでゆっくり寝ているメンバーもおり、鑑賞すること自体を強制せずに、リラックスして過ごせるように配慮した。上映終了後は、それぞれに感想を聴き、メンバー同士がシェアできる時間を持つように心がけ、賛否を問わず自由に話し合うことにしていた。

②プログラムの特徴と治療的意義

　当初は、メンバー全員が楽しめるような映画を選ぶことに苦慮したが、しだいにメンバーの個性を考え「この作品ならこの人が喜ぶのではないか」という筆者の連想から作品を選択するようになっていった。全員が共通して楽しめる作品はなかなかない。よって、「つまらない」という感想も重要な意見であり、次月にまた別の映画を選ぶことで異なるメンバーの希望を改めて満たせばよいという前向きな考えを持つようになり、筆者自身がより自由に

作品選びをするようになった。

　映画の内容を振り返る時間は、映画に出てくる家族と自分自身をオーバーラップさせて感想を述べたり、過去の思い出が想起されたりと、回想法的なグループになることもあった。映画自体を楽しむことだけでなく、映画から賦活されたそのような語りはとても重要なものだと考えられる。また、芸能人の話題やそれにまつわる過去の思い出が展開することもあり、女性メンバー同士で楽しむ姿もしばしば見られた。

12. 実施できなかったプログラム──食に関して

　デイケア室内に水道（流し台）や調理できるスペースがなかったため、食べ物を作ってみんなで味わうといったプログラムは実施できなかった。料理自慢のメンバーが数名おり、「デイケアで皆で作って食べられたらいいのにね」という希望はしばしば聞かれたが、設備上および衛生管理上の問題からやむを得なかった。環境によっては、季節の食べ物などを作り、共有するというプログラムは採用できるものと思われる。

　食にまつわるプログラムとしては、調理過程を挟まないかき氷づくり（氷とシロップを購入）、スイーツデコレーション（クッキーなどにケーキ用のデコレーション材で模様付けをする）、利き茶・利きコーヒー（数種類のお茶やコーヒーを購入し、好みの味を探してゆく）といったプログラムを何度か実施した。

第3節　考察：doingではなくbeingへ

1.「第三のもの」としてのプログラム

　一般に、プログラムはデイケアの中核であり、プログラムの活動を通じて、ある課題を達成する、成果物を得る、運動やリラクゼーションといった身体

の調律を行う、といったことが目的だと言えるだろう。当然のことながらそのような側面は否定しないが、筆者自身はそのような「結果」は副次的なものなのではないかと考えている。プログラムの主要な心理的意義は、プログラムという活動（枠組み）が設定されることによって、それに対して、あるいはそれを体験しながら、高齢者自身の「わたし」らしい表現が展開されるプロセスにあると言えるのではないだろうか。

　河合 (2013) はユング派の心理療法において、セラピストとクライエントの間にある第三のものが存在し機能することがセラピーの展開に寄与するのだと述べている。第三のものとして、箱庭、描画、夢などが代表されるが、山中 (1978) の例を挙げ、クライエントが持ってくる写真、読んでいる小説、将棋や囲碁などの取り組みも第三のものとなりえること、それ以外にもプレイセラピーにおける象徴的な遊び、雑談風の語りや沈黙でさえも第三のものとして機能し、セラピストがその内容や変化をいかに読み取るかによって治療に展開が見られることを指摘している。

　筆者にとってのプログラムは、メンバーとの間に置かれた第三のものだと言える。工作の時にうまく台紙が切れないこと、その際にスタッフに助けを求めること、縫い目が揃わずもう一度やり直したくなる心境、思ったように解答できない苛立ち、数字を一つひとつ数え上げて数独をする姿、農作業に取り組み継続的に育ちに気をかける様子、映画の感想から生じた若い頃の自分についての回想など、その一瞬一瞬の高齢者の姿に着目し、そこに老年期を生きる「わたし」らしさを見る。それに伴って、共に作業したり、言葉をかけたり、沈黙したりといった心理臨床家の関与が生まれ、プログラムが展開していくものだと考えられる。

　後段の事例において、プログラムへの取り組みがメンバーにどのような心理的影響をもたらすか、また筆者との間でのやり取りについて具体的に示してゆきたい。

2. 主体性をはぐくむ──否定によって生じるもの

　長谷川 (2008a) は、「老いることは生きることであり、生きてゆくことは老いることである」とした上で、「高齢期は究極には何かができるとか、趣味をもたなくてはならないとかに終始するのではなくて、生きて存在していることが本質でなくてはならない。doing ではなく being である。存在が進行していることである。そのこと自体に人の尊厳性があると思う」と述べている。デイケアの活動基盤としてプログラムが編まれ、それは「今日はこのような活動をして過ごす」という指標となる。そのメンバーにとって初めての活動であれば、筆者はそのやり方を説明し、導入を促し、まずはやってみることを勧めた。まずは doing、やってみることから何かが始まっていく。その結果として、「作品ができた」「難しいクイズが解けた」「体を動かして機能が維持・促進された」といった output が生じる。活動という観点からすればとても意味のあることであり、そこから自己効力感を得たり、充足感を味わうこともできよう。

　前節第7項では、「より早く、正確に解く」ことを大切にかかわるスタッフについて言及したが、それは何らかの課題が与えられたときの対処としてごく一般的に求められることであり、その立場からメンバーを支援することの意味があると言えるだろう。また、多職種協働という観点からいえば、様々な視点からメンバーに関わる複数のスタッフがいることによってグループに幅や豊かさが生じるものと考えられる。

　一方で筆者は、プログラムとともにどう生きるか、その being のありかたも重要だと考えている。長谷川の言う「生きて存在すること」、すなわち、プログラムを通じてあるメンバーがどう「いる」かということの重視だとも言える。その最も個性的な表れとして「やりたくない」「苦手である」といった、メンバーから発せられた否定表現に着目したい。筆者は、メンバーがプログラムに興味を示さない、途中で中断したがる、「やりたくない」と拒否するといった場合、その意思表示をとても大切なものとみなしていた。運営

の観点からいえば、スタッフが事前に準備したプログラムを予定通りこなしていくことが前提であり、それをメンバーたちが楽しんで活動することをよしとするのが一般的かもしれない。しかし筆者は、メンバーから発せられる「なんでこんな面倒なことをしなくてはいけないの?」「こんなことを年寄りにやらせて……」といった発言を貴重なものとして受け止めており、できる限りそのような訴えができるような関係性や場の雰囲気を醸成できればと考えていた。これらの訴えがどの程度まで真に迫っているかの判断はまさに臨機応変である。もう少し作業を続ける可能性が秘められていると思われる状況では、「なかなか大変ですよね」「難しいですかね……」などと中立的な応答で返し、表現された否定をさらに否定しないよう意識しつつ、もう少し状況を見守るようにしていた。また、実際に当人にとってあまりにも困難な作業を課していると考えられる場合は、スタッフが手を出してサポートしたり、話し合って作業を取りやめることもあった。

いずれの場合も、その活動をやるのか、止めるのか、やりたいのか、やりたくないのかといった判断はできる限りメンバー個人に委ねるように試みており、その大事なカギとなるのが不平や不満といった否定表現だったといえよう。その先に生まれるものは、メンバー自身の主体的な選択である。不満を述べつつもう少しそのプログラムに挑戦してみる場合もあれば、まったく違うことを始めることもあった。興味深いことに、不平を言い合うメンバー同士が互いに意見を合わせ、別のことがやりたいと言い出すこともあり、そこから新しい活動が展開することもあった。そこでは、メンバー同士の連帯と、プログラムにない展開という「新しいもの」が生まれてきていた。このような点から考えると、プログラムはメンバーに対する作業や活動の提案としてだけでなく、デイケアにおいてメンバーの主体的なこころの動きを生む重要な中間項だとみなすことができるのではないだろうか。

第5章

臨床心理士によるファシリテーション

第1節　臨床心理士の役割

　精神科デイケアは看護師、作業療法士、精神保健福祉士、臨床心理技術者（臨床心理士）などによる多職種によって運営される。本研究におけるデイケアは臨床心理士と看護師のペアで運営され、基本的には筆者がグループ全体をファシリテートする役割を担っていた。常に看護師もグループの中に一緒にいて、話題に加わり、プログラムを行った。手芸やペーパークラフトなど、プログラムによっては看護師が中心となって進めることもあり、その際は筆者がサブ的な役割を取ってメンバーのフォローにあたるなど、臨機応変に動くようにしていた。

　開所前には、予定されている1日の時間の流れを考えた上で、当日の参加人数、メンバーの構成とその関係性、予定されているプログラムと参加メンバーの嗜好などを勘案し、1日の大まかな流れを看護師と打ち合わせた。また、終了後には記録を取りながら互いに当日のフィードバックや課題の検討を行った。スタッフも二人のみであり、参加メンバーも少ないことから、「ミーティング」のような形ではなく、ざっくばらんに話しあう時間を持った。

第2節　臨床心理士のグループへのかかわり

　当日の参加人数が2、3人と少なければ、特定のメンバーの話を丁寧に聴くこともでき、当人の希望するプログラムに変更して個別に対応することもあった。また参加人数が多ければ、メンバー同士が小グループを作って、スタッフの介入なく自由に話している全体を見守る形をとった。統合失調症の患者が中心のデイケアと異なり、メンバーのほとんどが比較的よく話し、むしろそれを楽しみに来所しており、筆者は基本的にメンバーが自由に話すのを聴き、それに対して疑問を投げかけたり、感想を述べたりといったやり取りをしていた。

　デイケアの特徴として、1日の時間も長く、個人心理療法と異なっていわゆる「雑談」のような話題が共有されることも多かった。各メンバーに起きた最近の出来事、時事のニュース、芸能人やスポーツの話であっても、筆者は「雑談」と思って聴くことはなかった。その内容に、視点に、感想に、メンバー個人の「わたし」らしさが反映されていると考えるからである。6時間のデイケアを通じて、複数のメンバーの語りをそのような姿勢をもって聴くことは容易なことではないが、極力そうあるよう努めた。

　集団のダイナミクスとして、あるメンバーが場全体に話す時もあれば、スタッフに対して話しているのを周囲のメンバーが聴いていることもあった。筆者は、常にグループ全体を見渡してもおり、発言が少ないメンバーや、自発的にグループ全体に言葉を発しにくいメンバーについては、言葉かけをすることによって話題のきっかけを作るように試みた。地元が近い、同じ旅行先に出向いたことがある、といった共通したテーマや体験がある場合などは、そのメンバーに声をかけて説明し、メンバー同士でのつながりが持てるように工夫した。一方で、特定のメンバーに対する嫌悪感を示す者もわずかだがおり、その場合は無理に親しくさせようとするのではなく、本人同士の距離感を重視した。話が長かったり、同じ話を繰り返したりして場を独占するメンバーがいるときは、話を聴いているメンバーたちの表情や態度（うつ

むいている、退屈そうにしている)を参照しながら、違うメンバーに声をかけることで、話題転換の契機を作ったり、スタッフが話の長いメンバーの話を引き受けることで、それ以外のメンバーが別の話題で話せるようにさりげなく工夫することもあった。

　また、話をすること自体が強制されるものではなく、無理に話さずとも場にいられるような雰囲気を作るようにも心がけていた。あまり話したくない話題、当日の体調、共にいるメンバー相互の関係性などを考え、沈黙がちであったとしてもあえて見守り、自分のペースで過ごしてもらえるように配慮した。

　プログラムに関しては、どのプログラムであっても、当人にとって初めての活動については、そのやり方を説明し導入を促し、まずはやってみることを勧めた。その上で、興味を示さなかったり、途中で中断したりといった場合、その意思表示も尊重することとしていた。メンバー同士で助け合ったり、教え合ったりしている場合は、基本的にその自主的な流れを崩さないようにしていた。作業の途中で諦めたり、時間内で終了しない(特に何かを制作するようなプログラムの場合)際には、諦めたり終わらないこともよしとしていた。一方で、もう少し時間や手間をかければうまくいく可能性が感じられた場合は、もう少し続けてみるよう促したり、援助の手を差し伸べたりすることもあった。

　筆者のこのような行動は、基本的に臨機応変に営まれたが、その際の基準は「メンバー本人の自由意思の流れに沿う」ということであった。参加する/参加しない、話す/話さない、作る/作らない、試す/試さないなど、いずれの状況においても、基本的にその最終判断はメンバー自身が行えるようにすることを常に意識していた。その結果として、メンバー自身が「この場では自分の好きに発言する、表現する、行動することが認められる」ことを体験的に感得してもらうことを重視して、各メンバー及びデイケア全体に関わった。このような関与は、メンバーがデイケアを自らが主体的に存在してよい場所として定位することができることを意図してのもので

あった。

第3節　デイケア場面の実際

　本節では、デイケア内での特徴的な場面を例示しながら、実際のデイケア場面を模した複数の臨床素材を提示し、「わたし」に着目しながら高齢者に関わるアプローチにおけるメンバーやデイケアの場に対する筆者の視点について詳述したい。

　臨床素材については、プライバシー配慮の観点から、実際のデイケアでの場面を基に複数の事例を組み合わせ、内容に修正を加えた筆者による創作であり、特定の個人について示したものではない。また、文中に記載したメンバーの発言についても、同様の観点から個人情報を含めず、高齢者と筆者のこころの動きを中心に示すよう試みた。

1. 表現の場の醸成

　開所時間になると、メンバーがデイケア室に入ってくる。すでに待合室にいる間に、何人かのメンバーで会話が始まっていることもある。筆者と看護師が出迎え、テーブルを囲んで会話が始まる。一つの話題を全体で共有する、自然にグループが分かれてめいめいの話題が展開する、スタッフが個別に特定のメンバーの話を聴く、といった流れが生じることが多かった。継続参加のメンバーが多くなると、メンバーから自発的に発言が出たり、他のメンバーの話に乗ったりと、自然に流れが発生するようになっていった。筆者は、折々で話の内容を明確化する質問をし、話を整理して場全体で共有しやすくなるような言葉かけをしながらも、極力その流れを乱さないように話の輪に加わるようにしていた。時事問題、政治、特定の地域への旅行の話など、個別のメンバーにとって理解しにくい内容の話題だと考えられた場合には、理

解を促すようにわかりやすく説明し直したりすることもあった。

　同時に、各メンバーの様子を見ながら各自がその状況をどのように受け止めているかを観察していた。一つの話題に全体が耳を傾けている雰囲気のある時は、それほど積極的な介入はせず、流れに任せていたが、話に関心を示していない、自分が別の話題を持ち出したそうなそぶりが見られる、遠慮がちで発言がない、といったメンバーがいる場合には、その時々に応じて各メンバーに声をかけ、発言を促す機会を作るようにしていた。

　筆者の関わりとして、「感想を聴く」ことはなるべく意識していた。話の中心となったメンバーに対してだけでなく、聴いていたメンバーに対しても、「どう思いますか?」「○○さんだったら、どうしますか?」といった問いを投げかけるように心がけていた。この問いを投げかけることによって、各メンバー自身の気持ち、意見、考えなどが表明されることを意図していた。そこで、「わからないね」「どうだろう……」といったような、「応答しない」「応答できない」反応も貴重な意思表示と認識しながら聴いていた。「語らない」ことも含んだすべてをメンバーそれぞれの主体的な表現だとみなし、表現の自由が認められる場であることを体験してもらうことを意図していた。以下に臨床素材を示す。

【臨床素材1：主体性への着目と、その発現のための関わり】

　70代の女性Aは、不安が強く精神科クリニックを受診した。長年連れ添った夫を亡くしてから約半年ほどであり、「一人になって寂しい」「何かあった時が不安」といった発言もあった。一人暮らしのA宅に家族が時々顔を出し、家族と過ごす時間で安心を取り戻しているようであった。主治医より、他者との交流による不安の軽減や意欲の向上を意図してデイケアに紹介された。

　デイケア参加前の時点で筆者がA自身の現状について尋ねると、「夫が亡くなってから、ポツンと一人になった気がしてしまって、昼間に何をしていいのかわからない。ぼんやりとテレビを見ているけど、こ

れでいいのかなと思う」「夜になると不安が強まり、ちゃんと戸締りをしたか、ガスの元栓を閉めたか、と何度も確認してしまう」「夫の葬儀が終わり、それまでは慌ただしい毎日を送っていたけれど、『この先どうなるんだろう』『一人でやっていけるんだろうか』などと考えてしまい、塞いだ気持になることがある」と話していた。夫の死に伴う喪失感と、自分自身の今後についての不安、一人暮らしになったことへの心もとなさの中で、何とか一人で生きてゆこうとしている中での葛藤が感じられた。

　Aは穏やかで控えめな性格であり、デイケア参加当初はメンバーたちの話に耳を傾けていることが多かった。他メンバーの発言に追従し、自分と異なる意見を主張するメンバーには「そういう考え方もあるかもしれない」などと受け止めるような対応をしていた。また、「もともとは自分から何かをするほうじゃない」と言い、ペーパークラフトなどのモノづくりの作業は自信がなさそうで、ゲームについても「今までにやったことがない」と戸惑いを見せた。スタッフとしては、活動にトライしてみることを促しつつも、気が向かないようであればやらなくてもよいことも同時に伝え、A自身に選択してもらうようにしていた。Aは時間をかけながらもゆっくりと作業に取り組み、また他のメンバーと共に嬉々としてゲームに興じる姿も見られるようになっていった。スタッフとしては、初めてのことにもチャレンジしてみようとするAの姿勢を尊重しつつも、周囲に合わせて無理をしていないかを気にかけながら見守っていた。

　参加から数か月が経ったある日、Aはメンバーのいる中で、「夫を亡くして一人になって、特に夜になると不安が募って仕方がない。寝る前になると特に落ち着かなくて」と自らの心境を率直に語った。一人暮らしのメンバーもおり、Aの境遇を理解して共感的な発言でAを支えていた。また別のある回では、昼食の弁当がおいしくないと話すメンバーに、「そんなこと言わないほうがいいんじゃないか。皆で食べられるの

はありがたいことだと思う」ときっぱり否定した。他者に同調しがち
だったＡが反論し、自らの意見を述べた場面であり、とても重要な瞬間
だと思われた。同時期にＡは自分自身の病状について、「私は生真面目
な性格だから、何でもきちんとやらないといけないと思い、頑張りす
ぎていた。上手くいかないことが一つでもあると、不安になっていた
んだと思う」と振り返り、実際の不安感も来所当初に比べるとかなり軽
減されていた。

【考察】

　本例では、夫の喪失と、その後の人生を一人で生きてゆくことになったこ
とによる不安が中核的な心理的問題だと考えられる。穏やかなＡは、周囲に
合わせることでデイケアという新規場面に適応していった。元々従順なパー
ソナリティのＡにとって、これまで主となる存在だった夫を失ったことで、
これからどう生きていくかが問われる状況にあった。Ａはあまり気が進まな
いようではあったが、これまでにやったことのないプログラムに挑戦する。
筆者は、周りに合わせがちなＡがプログラムへの参画にあたっても同調して
いないかという吟味をしながら、同時にＡに新しい何かに開かれるというこ
ころの動きが生じていることに目を向けていた。また、ゲームをする姿を見
ながら、他のメンバーとの関係性も、ただ他者に合わせていたところから、
一人のメンバーとして遊びに興じるようになっているという動きを感じてい
た。

　そのようなＡは、夫を亡くしたこと、一人で暮らしが不安なことをメン
バーたちに語った。スタッフはＡの背景を理解していたものの、それをメン
バーにどこまで開示していくかはＡに委ねており、Ａなりのデイケアメン
バーとの関係性の検討があった上で、「わたし」について開示したのだと考
えられる。メンバーはそれに応じて、Ａの置かれた状況に共感を伝え、ピア
サポートが生じることとなった。

　さらに印象深いのは、お弁当をめぐって他のメンバーに自分の意見をぶつ

ける場面である。勇気を奮って自分自身の存在を前面に出したAの主体的な動きが感じられた。また、周囲に合わせがちであった来所当初の姿と異なり、「わたし」そのものをデイケアの中に提示するようになっていた。加えて言えば、他のメンバーとのやり取りによって現れるこのような行動は、一対一の個人心理療法では生じにくい、デイケアの集団力動を利用したものだとも考えられた。不安感と自身のパーソナリティとの関連についての内省が見られるようになっており、「わたし」の内側で起きていることに目が向くようになっている。デイケアの中でAが自由にものを考え、表現する機会を提供することによって、Aが主体的に思考していくようになった。そもそもはAが夫という「主」を失い不安に陥っていた中で、A自身の主体性を賦活させていったプロセスだともいえるのではないだろうか。

2. 家族に関する語り——自立と依存のアンビバレンス

　家族の話題は、互いの自己紹介と共になされる中心的な話題の一つであった。家族関係は生活形態とも関係し、また高齢者の日常のエピソードの中には家族が登場することがほとんどであったため、メンバー自身が話題にしていくことが多く、なじみの関係になってくるとメンバー同士がお互いの家族構成や生活状況を理解した上で話題が進んでいた。家族関係についての話題は、誰しもが共有する普遍的なテーマでもあり、同時に個々の家族の状況は当人にしか体験できないという個別的なテーマだとも言える。他の家族に対するコメントに、その人らしさや人間観・家族観がにじみ出るように思われた。メンバーの家族のできごとに積極的に自説を述べて意見する者もいれば、「他の家族のことはわからないからね」などと距離を取り、あまり介入しないメンバーもおり、他者の家族関係への関与の仕方にも人となりが現れるように思われた。ごく稀に、「(祖母として)孫に対して○○するように言うべきなのに、なぜしないのか?」といった指示的・強制的な意見や、他家族のあり方への批判的な発言が見られることがあり、そのようなときには筆者

が介入することがあったが、基本的には意見を述べたい者が自由に発言できるように場をファシリテートしていた。

　参加メンバーの家族構成はさまざまであったが、基本は外来に自分自身で通院できる患者たちであることから、ADLは保たれており、一人暮らしの者も一定数いた。次章の事例1では、一人暮らしを営む中で家族関係が変化していった事例について言及するが、ここでは家族と暮らしながらも孤独感を抱いているケースについて簡潔に示す。

【臨床素材2：孤独と孤立──家族の中で一人になること】

　80代の女性Bは、ふらつきや抑うつ感を主訴として精神科クリニックに来談した。足腰の機能は落ちており、整形外科で継続的な治療を受けていたが、大幅な機能改善は認められない状態であった。息子夫婦と同居していたが、昼間は家に一人であり、外出意欲に乏しく引きこもりがちであることから、定期的な外出機会の設定、意欲や活動性の向上を目的として、主治医よりデイケアへ参加が勧められた。

　参加にあたってBの話を聴くと、「杖を使って歩かないといけなくなり、外出する気がなくなった。歩行器は使いたくない」「5年前に夫が亡くなり、息子と同居するようになった。夫婦は共働きで、孫はなく、二人が仕事に出かけると家に一人。若い頃は買い物も好きだったけれど、今は外出そのものが億劫なので、家でテレビを見て過ごしている」とのことだった。メイクも施され、服装もおしゃれに気を遣っている様子が窺われた。

　実際的な身体機能の低下と、意欲の低下が絡まりあうように生じていることだけでなく、自宅に一人で時間が長く、対人交流の乏しさや孤独感が推測された。もともとは活動性もあり、外見への気遣いも窺われ、デイケアでの活動を通じて他者との交流を図り、今あるエネルギーを賦活させてゆけるとよいのではないかと見立てられた。

　本来の社交性を活かして、デイケアにはすぐになじんでいた。得意

な手作業のプログラムでは「目が痛い」「腰が痛い」などと言いながらも喜んで作品を作ろうとしていた。他のメンバーから作り方を教えてほしいと自然に声をかけられており、Bも丁寧に教えていた。筆者は、そのような形でBのプライドが刺激されることはとても意味のあることだと思いながら見守っていた。

その一方で「息子の家に住んでいるというと、皆口を揃えて『いいわねえ。よかったわね』と言ってくる。でも本当はそんなことないのよ。平日は家で一人で過ごしている。週末には息子が気を遣って食事に連れて行ってくれることもあるけど、別に外食がしたいわけじゃないし、気を遣われるのも嬉しくない。寂しい気持ちへの理解がない」などと、家族に対して語られる言葉は辛辣であった。メンバーから、「息子さんやお嫁さんと話し合ってみては?」と声がかかると、「話したって、どうせわかってもらえないし。理由はよくわからないけど、お嫁さんは私のことが嫌いみたいだから、ほとんど話さない」「子育てがよくなかったんだろうか? 人の気持ちがわからない子に育ててしまったのだろうか?」と返し、メンバーもそれ以上言葉をかけることができないようだった。Bの日常生活を慮り、「日々がお辛いですね」と声をかけることもあったが、それ以上はなんとも言葉にしづらく、筆者もただ耳を傾けるのみのことが多かった。

ある時には、「息子が『命をいただいて、今こうやって一緒に過ごしているんだから、それでいいじゃないか』と言ってきた。別に命をいただいてうれしいなんて思ってないけど、息子の手前『お互いありがたいことね』と言っておいたわよ」と冗談めかして述べていた。Bは笑って言うものの、今のBにとっては命をありがたいと思えない部分もきっとあるだろうし、その口調からは、母の気持ちを鎮めようと言葉をかけている息子の気持ちもどこかで受け止めているのではないかと想像され、「生きたくもあり、生きたくもなし」といった両方の心情が感じられた。

「ここにだけはできるだけ来ようと思う」とデイケアには定期的に参加を続けていた。半年以上が経過し、やはり「家に一人でいると寂しい」といった発言が見られ、生活そのものやBの心境に大きな変化があったわけではなさそうだった。しかし、同じく家族と同居しながら昼間は一人で過ごしているメンバーが「私もそうだからよくわかる。一人暮らしではなく、家族がいるのに一人ぼっちなのが寂しいのよね」と、Bの境遇に温かな理解を示し、お互いの家の様子について語り合う場面も出てきた。

参加から1年半が経った頃、Bの息子の転勤が決まったことが報告された。自宅に残るか、施設に入所するか、また仕事を持つ嫁と同居することになるのかどうかなど、この先の生活についてBはとても迷っていた。メンバーの中には、「施設に入ったほうが気が楽よ」「やっぱり自宅が一番じゃないかしら」といったように、自分の意見をBに伝える者もいた。しかし筆者は、Bの考えを整理することに専念し、自分からは将来の方向については一切発言しなかった。嫁は仕事を続けて家に残ることとなり、「あの人と二人で暮らすよりは、新しい場所の方がいいんじゃないかと思って」と家を出て老人ホームに入所することを選んだ。デイケアを去ることとなって、なじんだメンバーたちと別れを惜しみつつ、「集団生活には不安があるけれど、ここで皆さんと一緒にやれたんだから、老人ホームでも暮らせると思う」と述べて、デイケア参加を終えた。

【考察】
Bはもともと外向的で、活動性も高かったものと推測されたが、足腰の機能低下のために身体的な自由を損なわれることによって、抑うつ感や焦燥感が生じているものと思われた。デイケアに訪れるときのおしゃれな装いからは、心理的には気持ちが外に向いていると考えられたが、身体機能の低下のために思うように外出・活動できないこととの間での葛藤も生じているのだ

と考えられた。

　家族への不満を表明するBに、メンバーは何とかそれを和らげようと発言する。一般的には、家族が面倒を見てくれることイコール高齢者本人の幸せだと受け取られがちである。しかしBのように、家族がいながらも一人ぼっちの時間が長いこと、そのことを周囲は表面的に「よかった」と評しがちなために苦悩が理解されないことへの不満も重なり、Bのように苛立ちを募らせるケースは多いように思われる。嫁との関係の悪さが、息子への子育てへの否定につながっており、Bがそういう認識を体験している以上、「そんなことはない」といったBの心情を和らげようとする発言は、Bにとって「やっぱりわかってくれない」という更なる否定を生むことになると考えられ、筆者はそのような見立ての下でただ聴くことに徹することも多かった。「命をいただいて～」というやり取りを聴くと、息子との関係が断絶しているわけでもなく、息子もBをないがしろにしようとしているわけではないことも伝わり、同様にBも死んでしまいたい気持ちと、どこかで息子に感謝する情もあるように思われ、筆者は、そういった多軸のこころの動きがあることを感じながらBの語りを聴いていた。このような時は、どこか一方向に偏った発言をすることで均衡が崩れ、余計に全体が複雑化していくことも想像されるために、やはり「ただ聴く」ことに徹していた。

　デイケアの力は、やはりメンバーが支え手となり、Bの境遇を理解し共感を示してくれることにある。そのような出会いを受けて「ここにはできるだけ来ようと思う」という発言につながっているものと考えられた。

　急な家族の事情で居住環境の変更を余儀なくされ、メンバーはあれこれと意見を口にした。Bの心情を考え、メンバーたちも良かれと思って助言をしており、それ自体を止めることはしなかった。筆者はむしろBの発言から気持ちを整理することを支援し、その結果として最終的には施設入所を選んだ。究極的には、嫁との生活か、施設入居か、どちらが正解なのかは当然ながら筆者にもBにも予見できるものではない。ここで心理的援助としてできることは、Bが思索をめぐらせ、「わたし」らしい決断を促すことにあるよ

うに考えながら関わった。

3. 痛みの訴え

　加齢に伴い若年期のように身体の問題を気にせず生活するのが難しくなり、多くの高齢者が何らかの不調を抱えながら生きている。それは、生命の危険を脅かすような疾患ではなかったとしても、生活において不自由をきたし、痛みや不具合が日常に支障を及ぼすことはしばしばある。そのような、身体の不調を繰り返し訴え、身体問題が話題の中核となるような高齢者と治療関係を構築し、適切な臨床的関与を行うことは容易ではない。それは、実際の痛みだけでなく、こころの痛みを身体のそれとして表現していることもしばしばあるし、その境界線が判然としないことも多い。身体状況に対して現実的な変化をもたらしにくい中で、「あそこが痛い、ここが痛い」という語りを聴き続けるにはどのような視点が必要であろうか。周囲にとっては「愁訴」と受け止められるような表現には、それを表出せざるを得ない当人の必然があるのではないだろうか。そう考えると、愁訴や苦悩の訴えこそが「わたし」の声であり、クライエントを理解し、関係を築いていくための大切な入口となるとも考えられる。

　デイケアのメンバーの中で、身体科の治療を受けていない者はほぼゼロであり、内科、整形外科、歯科などに定期的に通院していた。上述したような、「繰り返される訴え」に対して、筆者がどのような視点を持って関わったかについて示したい。

【臨床素材3：こころの声としての痛みの訴え】

　　70代の女性Cは、不眠・不安を主訴に精神科クリニックを受診していた。高血圧のため内科を、また腰や膝関節の痛みのために整形外科を定期的に受診していた。夫の死後は一人暮らしであり、家族関係も疎遠であることから、対人交流の機会として主治医がデイケア参加を

促した。

　デイケアに参加したＣに最近の様子を尋ねると、「体が痛くて動けない」「家でも一人ぼっちで、何かをする気にもならない」「若い頃はもっと動けたのに、こんな風になってしまって情けない」などと畳みかけるように訴えた。「この先どうなるかわからないわね」と言われ、筆者には返す言葉がなかった。しかし、これこそがＣの置かれている心境なのだと考えたとき、まずはこの痛みに留まり、共に居ようと考え、「せっかくデイケアでお会いできたので、続けてお会いできればと思います」と応じた。Ｃは、「苦しいことがなければ、ここで会えなかったわよね」と述べ、筆者には「本当に道行きを共にしようとしているのか?」と問われる出会いのイニシエーションのような感慨が湧いた。

　デイケア開始時には、看護師が血圧・検温のバイタルチェックを行っていた。その場面で身体面の不調を繰り返し訴えられることが多いために、看護師はＣに共感しにくく、対応に苦慮していた。痛みや機能上の問題だけでなく、医療機関の対応の悪さへの不満も多く語られ、デイケアの始まりにその全てを個別に聴く役割になることを考えると、看護師の大変さもとても理解できるものだった。筆者は、心気的な側面だけでなく、実際に痛みや不調を体験していること、一人暮らしの孤独感や、周囲の他者との人間関係の希薄さもあって、それらが身体に関する不満としても表出されていると考えられることを伝えた。痛みの語りに心理的な物語を付与することによって、看護師も「痛い、苦しいと言わざるを得ないのかもしれない」と共感的な視点を持ったようだった。

　身体症状への治療については、受診している身体科医療機関に委ねる他なく、精神面の病理については主治医がついており、協同治療者としての信頼があった。よってデイケアでできることは、そのような治療を受けた際のＣの思いを聴くことだと考えられた。看護師と心理的見立てを共有しながら、Ｃの語りを聴き、デイケアがＣの言動を、す

なわちCの存在を否定したり制限しない場だと体験してもらうことで、デイケアがCにとって安心できる居場所として機能し、抱えている苦悩を少しでも和らげることをCに対する援助の方向性として考えた。

　毎回のように、痛みや身体の不調の訴えは続いたが、モノづくりのプログラムには取り組む姿勢を示し、メンバーとの対話の中では笑顔も見られていた。ある回では、主治医が診察で出す向精神薬について、「希望した薬を出してくれない。説明もなくぞんざいな態度を取られた」とデイケアで不満を述べた。スタッフとして、まずはCの訴えを丁寧に聴いた上で、その内容をもう一度主治医と話してみてはどうかと促した。再診を希望したので、主治医に経過を説明して診察を依頼した。投薬内容は変わらなかったが、受診後のCは納得した表情で戻り、それ以上不満を述べることはなかった。

　自らの誕生日を迎え、「私も年を取ったなあと思う」と聴いていてすんなりと胸に落ちる語りがみられるようになった。「ゲームには参加したくない」「散歩には出たくない」などとプログラムに対して拒否することもあったが、スタッフはそれを認め、輪に加わることを促しつつも参加を強制しないスタンスで接した。ゲームには参加しないと言っていたCに、看護師が「次はどれを捨てたらいいと思いますか?」と自分の手札を見せながら一緒にチームを組むように関わることで、いつの間にかCもゲームに加わっていることもあった。看護師も以前よりもずっとCに関わりやすくなっているようだった。

　Cがデイケアへの参加を継続する中で、身体の痛みや医療者への不満は依然として語られており、看護師と協働しながらその語りを受け止めていくようにしていた。ある時は折り紙を折りながら「昔はもっときれいに折れていたのに。私も年を取ったんだなと本当に思う」と率直に語った。自分よりも年長のメンバーに、「寂しさを感じることはないですか?」と尋ねたりもしていた。Cが自分自身の老いをリアルなものとして体験しているようだった。

【考察】

デイケア参加当初、Cは身体の痛みや、現状の不満を立て続けに述べた。「この先どうなるかわからない」と言われ、筆者としてできることは、先のわからない中でもともに痛みに留まることだと考えた。Cは辛さを語りながらも、「あなたはそういう私と共に居てくれますか」ということを問うているのだと考えられ、それこそが出会いのイニシエーションなのだと思われた。そして、それを筆者が聴き続けるということによって、ここは否定的なことも表出してよい場所だとCが定位することが、デイケアやそこにいるスタッフへの信頼につながるものと考えられた。

筆者は、Cの訴えの背後にある孤独、不安、寂寥を意識しながら、訴えに対して腰を据えて受け止めるようにしていた。ここで、例えば「今もまだお若いです」「痛みはあまり気にしないで」などと反応して、Cのネガティヴな感情を回避したり目先の認知を変えようとするのではなく、病や衰えを抱えながら生きる高齢者にあくまでも謙虚であろうと試みた。しかし、身体の訴えを直接受ける看護師にとっては苦痛であることは理解できた。そこで、Cの性格特性や家族環境などを含めて捉え直し、当人特有の物語を伝えてみることで、看護師にとって語りを聴く幅が広がるように話し合った。このような心理的見立ては「わたし」への着目によって生成されやすくなるものであり、心理職オリジナルの視点だと言えるだろう。

Cが投薬への不満を見せたとき、筆者と主治医との関係性の中で、主治医が投薬への説明を丁寧にする医師であり、また主治医としての考えがあって希望に反する投薬をしているのであろうことが想像できた。また、筆者がCの再診を依頼した時に、その背景の流れを主治医が理解するだろうという信頼もあった。おそらく診察場面で改めて投薬についての説明があり、その内容に納得しただけでなく、デイケアスタッフと主治医との連携によって、不満を双方で引き受けたことによって、Cなりに矛を収めることができたと考えられる。

身体をめぐる訴えが続き、プログラムへの拒否がある中で、「年を取った

なあ」という情感に触れる発言はとても重要である。表現の質の変化が生じており、Cの中で今までに触れられていなかった面が動いてきていると考えられる。看護師も以前よりも余裕をもってCに関わるようになっていることがわかる。年長のメンバーに老いについて尋ねており、Cもデイケアの一員として老いの道行きを歩んでいるものと考えられた。

4. 自己表現の場を設える

これまでに挙げたような、自分自身の問題について言語化できるメンバーだけでなく、対人場面や言語での自己表現を苦手とする者も参加しており、その際の筆者らの配慮や工夫について検討したい。

【臨床素材4：表現が紡がれるのを支える】

70代の女性Dは、専業主婦として長年過ごしてきたが、夫が施設入所となり、急遽一人暮らしとなった。ほどなくして不眠や不安が強まり、家事もままならない状況になったため、遠方に住む娘が精神科クリニックに連れてきた。初診では対人緊張が強く、言葉がなかなか出ないために、娘が代わって現状を説明した。診察だけでなく、時間をかけて社会との接点を持つことを意図して、デイケアに紹介された。

初回参加時のDは緊張しており、メンバーの話の流れにもついてゆけないようだった。筆者が話を振ってみると、懸命に話そうとしているのだが、逆に混乱してしまうようで、こちらが話を整理しようとしても話の意図を掴みにくかった。これまでは夫と行動することが多く、夫が家を取り仕切っており、D自身は専業主婦であまり外出を好まずに過ごしてきた。夫が施設入所となった今、実際の生活だけでなく社会との交流という点でも困難に直面しているようだった。娘もすぐそばにいるわけでなく、日常生活の面でも孤立しがちだと考えられた。

Dはメンバーたちの会話には入りにくく、自分から言葉を挟みづら

いようだった。それゆえ、輪の中でポツンと座ったままであることが多く見られた。言葉もたどたどしいために、Dの言いたいことを掴むのが難しかった。よって、スタッフたちからは「話の輪に入れずに、メンバーとのコミュニケーションが取れていない」といった指摘があった。筆者は、もともと対人緊張が強く、他者との交流経験がないDにとっては、デイケアという場に参加すること自体が大きな冒険であろうし、他のメンバーとともに流暢に話すことが目標ではなく、まずはDが安心して表現できるように余裕をもって待つこと、たどたどしかったとしてもその言葉に耳を傾け、Dが言いたいことを想像しながら会うことを提案した。看護師がDの語る家族関係の話に粘り強く耳を傾けたり、またプログラムのやり方を丁寧に伝えたりするようになり、Dも徐々に自分の考えを言葉にしたり、対話するようになっていった。また、工作や手芸といった手作業を得意としており、特に話をしなくとも、そのような時間を楽しみながら過ごしているようだった。Dの熱心な作業の様子や、出来上がった作品の出来栄えに関心を示したメンバーが少しずつDに言葉をかけるようになり、メンバーとのやり取りも成立していった。

　グループの中では話すタイミングがうまく見いだせず、黙ったままになる場面も散見されたが、1年ほど経過すると、「主人がこれからどうなるのかが心配。これまで本当によくしてもらった」と語り、「お母さんと一緒に行った温泉旅行は、本当に楽しかったな」としみじみと気持ちを込めて回想した。また、「私はこれまで何をやってきたんだろう。この年になって、何もできないのが辛い」とつぶやくこともあった。筆者は、語りが流暢であるかよりも、Dが言葉にする内容の質の変化を感じ取りながら聴いていることが多かった。長期にわたって継続参加することで、なじみのメンバーもでき、Dの緊張や不安は和らいでいった。

【考察】

　Dは対人コミュニケーションの問題を抱えており、緊張も強いために思ったように言葉が出ないようだった。さほど社会との交流の機会を持ってこなかったこれまでのDの歴史を考えれば、簡単にコミュニケーションが改善するとも思えず、メンバーとの対話についていくのも容易ではないと思われた。表面的なコミュニケーションの流暢性のみを重視するのではなく、Dのこれまでの対人関係やその経験、夫の入所により不安が高じ、それに対処する自分自身の将来も見定まらないといったような「わたし」全体のありようを考慮すれば、個としてのDを尊重し、その表現を受け止めること、無理に交流を促すことなく、スタッフがDのたどたどしい言葉や不安感に耳を傾け、言葉にならない側面を想像しつつ、余裕をもって接することが求められると考えた。山中(2014)は、患者の表現をじっくり読み取り、聴き取って、深く味わうことが心理臨床において重要だと述べ、久保田(2002)は、老人から自然に流れ出るものを待ち、その言葉を大切に受け止めることの意義を指摘している。同様に筆者は、上述の見立てを看護師と共有しながら、Dの表現に専心して関わっていった。またDにとっては、作業プログラムが非言語表現として有効に機能したことも意味深かったと思われる。

　そのように少しずつ自分を表出してよいと実感できることにより、しみじみとした回想が生じてくる。また「自分自身はこれまで何をやってきたのか？」という「わたし」自身に対する問いも生じてきており、Dのこころの中で内面を見つめる動きが生じてきているものと考えられる。シュルテ(Schulte, W.)(1964)は老年期について、「充実や幸福もあろうが、幻滅や失敗もあり、苦い思いも血が凍る思いもあって、それらがいろいろな割合でないまぜになっている」と述べる。Dが過去を振り返るとき、楽しいことだけでなく、辛いこともあるだろう。言語・非言語の「表現」を外に出していくことによって、それを自分の中で改めて受け止めるというこころの動きが「わたし」の中で生じている。「流暢に話す」「作品が作れた」といった表面的なことではなく、Dの中で生じている微細なこころの動きに気づくためには、

「わたし」への視座が有効に機能するものと考えられる。

5. 生と死、老いのあわい──矛盾する語りを聴く

　高齢者との関わりの中で、生と死は不可避の重要なテーマである。メンバーの日常の語りの中に、死は普通に盛り込まれてくる。親族や近隣の人の死やその葬儀の話、親族の墓参り、お布施や卒塔婆に関するお寺との関わり、自分の墓や遺言についてなど、談話の中で自然に語られることが多い。筆者は、こういった話を「雑談」と捉えることは絶対にしなかった。メンバー各自の体験や死に対する思いを語ってもらえるような心構えでその場にいた。たとえ芸能人の死の話でも、そこからメンバー個々の死の体験が想起され、話題が展開されることがある。後の章の事例にも出てくるが、延命治療や尊厳死、臓器提供の話題も時折あり、メンバーの死生観が語られる瞬間となっていた。そこにはメンバー個々の「わたし」らしい死のイメージが反映され、一義的にその是非を議論できる問題ではなく、メンバー間で意見の齟齬があったとしても、語る当人の意思や希望を尊重して耳を傾けた。

　先に「不可避」と書いたが、これらのことを避けずに向き合うこと自体が臨床場面においてはなかなか難しいことである。デイケアで時を過ごす間に、「ポックリ死ねたらいいのに」「迷惑をかけずに死にたい」という発言をどれだけ聞いただろうか。繰り返されるこれらの言葉に対して、「そんなこと言わないで、少しでも長生きしましょうよ」と励ましたり、「迷惑が掛かっても大丈夫。心配しないでください」などと返して、その言葉の重みを正面から請け負うことをさらりと避け、死に関する言葉が持つインパクトを少しでも和らげようとしたくなるのが一般的な心情だと考えられる。暗く深刻な雰囲気が漂い、スタッフとしても応答が難しい話題である。黒川 (2005) が、「高齢者の口から『死』の話題が出されただけで、ただちに『ネガティブな話題』として、受け止めようともせずに回避したり、話題を変えようとするのは、あまり好ましい対応ではない (p.129)」と主張するように、高齢者にとっ

て死の語りは、「ネガティブ」ではなく、きわめてリアリティのある現実の話なのではないだろうか。

筆者は、高齢者の死をめぐる発言に対しては、たとえ返す言葉がなかったとしてもそこに留まり、受け止めることを心がけていた。例えば、「ポックリ死にたい」という発言は、必ずしも本当に字義通りにそう死にたいという表明だけではなく、「本当は少しでも長生きしたいが、周囲に苦労をかけたくない」「長いこと闘病するようになったり、認知症になったらどうなるのだろうか」といった配慮、不安、恐れなどの複雑な心情を含み、「そうなるくらいならポックリ死にたい」と言っているのだと思われる。そう考えたとき、「ポックリ死にたい」という言葉にぴったりと合致すると思われる応答は容易に紡ぎ出すことのできないものであり、語り手の複雑な心情をこころに浮かべながらその語りをただ聴くことが多かった。

「もうこの世には悔いがないから、スッと死ねればいい」と語るメンバーが、「お薬が切れるから病院に寄って帰らないと心配で」と笑いながら帰宅してゆく。この世に悔いがないと言いながら、薬が欲しいと願うという矛盾ある語りである。「イタコの口寄せで死んだ人の声なんか聴きたくない。もう死に別れた人なんだからそれでいいのよ」と言いつつ、「夫がいたら今の暮らしをなんと言うかしら。一言でも声が聴ければ嬉しいのに」という願いを言葉にする。同様に矛盾を含んだ語りと言えようが、矛盾を含んだその全てが真実であり、老いを生きる者の素直な心情なのだと筆者には思われる。

別の場面を考えてみよう。あるメンバーが筆者と二人で話している中で、日々の心境を語りだし、「実際に自殺をすることを考えると怖い気もするけれど、生きていても仕方ないから、死んでもいいかなと思うこともある」とさらりと言う。筆者は、「死んでもいいかなと思うこともあるんですね」とそのまま返してみる。「なんかね、生きていても何かあるわけじゃないしね……でも、デイケアに来ているときは楽しく過ごさせてもらっていますよ」と笑顔を見せる。この場面で筆者は、当人が感じている虚無感や、死への思いをできるだけ感じ取ろうと思いながら聴いている。メンバーは、「でも」

と区切って気持ちを切り替え、デイケアへの賛辞を述べる。もちろんデイケアで楽しく過ごしている側面もあるのかもしれない。スタッフとしての筆者への配慮もあるのかもしれない。しかしそれだけではなく、生きる意味を見出しにくく、死んでもよいかと思うほどに身近に死を感じながら過ごしている姿を忘れないようにイメージしつつ聴いている。そしてその先は、筆者にはなかなか言葉が出てこない。デイケアに来て少しでもよりよい時間を過ごしてもらいたいと思いつつ、本当に死んでもよいと思って今ここにいるのかもしれないとも思う。言葉を返すことはできないかもしれないが、話題を変えず、その場を立ち去らず、しばしその人と共に居るだろう。

　老いについてもおそらく同様である。「年を取ったからといって、一人暮らしをするなら意地を持ってしっかりしないと」と語るメンバーに、「それでも、一人で過ごしていて大変だったり、不安だったりはしないですか?」と筆者が問う。「不安なことなんてないわ」ときっぱり返され、「そうやってしゃんとしたこころの柱があるのですね」とメンバーの言葉に合わせると、「本当は不安なのに、家族や周りの人にそれを見せないようにしているのがよくないのかもね」と違うフェイズの語りが展開することがある。筆者の中では、一人暮らしをする上での意地も不安も等しく当人のこころの中に動いており、その両方を大事にしようと思いながら耳を傾けるようにしていた。おそらく、「この年齢でしゃんとしているのはすごい」ということだけに焦点をあてて高齢者を称えてしまうと、そうではない何か——表面に現れない不安や弱さ——との間でずれが生じてしまう。その両者を見据え、たゆたうように言葉についていくように心がけていた。このような関わりは、第1章で述べた「矛盾を含むコスモロジー」としての「わたし」に着眼したあり方を示すものである。

6. 個人面接の意義——集団では語れないこと

　デイケアにおいては、ほとんどのメンバーに対して、継続参加の意思が固

まったころにインテーク面接を行い、その後も半年に1回のペースで個人面接の時間を設けていた。そこでは、基本的には近況やデイケアに参加しての感想、ニーズなどを聴取した。約半数のメンバーは、一対一の場面になると、普段グループの中では語らないことを話題にした。また、デイケアの最中でも、他のメンバーがいないタイミングで筆者に声をかけてきて、こっそりと個人的な話をしてくることも時折あった。デイケア内に個室がなかったため、安心して話せそうな状況であればその場で少し話を続けて聴き、そうでなければ別のタイミングで二人だけになって話を聴くように心がけた。

　話題はパーソナルなものになり、家族の病気であったり、死別したパートナーや子どもの話であったり、仲良くしていた友人の死の報告であったりした。例えば、デイケア内では、家人は亡くなっていることだけは話題にしつつも、死別の理由（事故死、自死、がんの闘病など）については全く触れず、個別に筆者にだけ語られることがあった。家族の不和や、遺産相続などのプライベートな話題、またメンバーには語らない過去の詳細な人生史も話題になった。このような場合には、「皆には言わないけど……」「先生だけに話すけど……」といった留保がつけられ、相手と内容を考慮の上で語っており、それには必ず応えるようにしていた。語られた内容は看護師との間では共有し、配慮が必要な場面での対応上の留意点を検討した。

　当然のことながらこういった内容の自己開示には個人差があり、語られる内容が本人の中で整理されているかどうか、当人のパーソナリティ、メンバーとの関係性などが複雑に関連しているものと考えられた。例えば子どもと死別していたとしても、そのことをデイケア内でメンバーに語り共有することで整理をつけていく者と、まったく話題にせずに自分だけで抱えている者とがあった。後者のメンバーがデイケア自体に不適応ということでは必ずしもなく、プログラムや他のメンバーとの交流に意義を見出し、参加を継続していた。個人が抱えている問題に直接触れず、こころの中に留め置いているありようが認められることも、デイケアの特性だといえるだろう。今後は、当人のニーズや心理的問題に即して、集団のアプローチ（デイケア）と個人面

接とを選択したり、必要に応じて併用できるような心理的援助の枠組みを検討していく必要があるのではないだろうか。

第6章

事例1：神経症的な葛藤を
抱えながら生きる高齢者

第1節　はじめに

　第6章、第7章では、実際にデイケアに参加していたメンバーの事例を提示し、検討を加える。本章では、神経症的な性格傾向に加え、老年期における生と死をめぐる葛藤を抱えながら生きる高齢女性の事例を提示する。様々なことに葛藤しながら生きる「わたし」に対する心理的援助について考察を加える。事例経過中、筆者に関してはCP、看護師についてはNsと記載する。

第2節　事例の概要

クライエント：E（80代の女性）

来院時主訴：不眠

問題の経過：50代で不眠、手足が冷たいといった症状が出現し、X病院
　　心療内科で自律神経失調症と診断され、自律訓練やバイオフィードバックなどの治療を受けた。閉院に伴い筆者の勤務していた精神科クリニックに転院。主治医は神経症圏の病態と見立てて薬物療法を継続したのち、高齢者対象の精神科デイケアの開設に伴い主治医が参加を促し、半

年ほど経過して初回参加となった。

家族構成：両親、同胞ともに死別。夫も10年以上前に死別し、結婚当初
　から住み続けている家に単居であった。既婚の娘と、その孫がいる。

生育歴・社会歴：女学校に通い、卒後は事務員として勤務。20代で結婚し、
　以後は専業主婦。

第3節　事例の経過

▶第1期 (X年8月〜X＋1年7月)

　初参加の際のEは、落ち着いて品のあるいでたちをしており、丁寧な口調
でよく話した。その内容も整然としており、疎通も良好だった。現在の問題
は不眠であり、眠りには満足しておらず、医師からはいつまで寝ていてもよ
いと言われるが、ご近所の手前、朝からずっと雨戸が閉めっぱなしなのは気
になるという。もともと神経質な性格だと言い、「夜、横になってからも、『明
日は病院に行く日だった』と思い出すと、急がなくてもよいことでも気に
なってしまい、その場で起きて診察券を準備する」と話した。毎晩夢を見る
と言い、繰り返し見る夢だと言って次のような夢を報告した。

【夢1】どこかに出かけようとしているが、物がなくてなかなか出かけら
　　　　れない。出かけられないまま目が覚める。

【夢2】探し物が見つからない。「夢だから探さなくてもいい」と思いなが
　　　　らも探していて、見つかることはない。

【夢3】亡くなった人たちが夢に出てくる。(亡くなった) 叔母や (存命の) 孫
　　　　が一緒に出てきて、不思議だなあと思っている。叔母さんは「帰る
　　　　わね」と帰ってしまう。

睡眠障害の訴えや夢の内容から、「あれこれ悩む、気になる」という神経症的なパーソナリティが基盤にあるものと見立てられた。睡眠障害については、主治医が薬物療法を行っており、デイケアでは中年期以降に継続している神経症的なパーソナリティをEの中核的な心理的問題と見立てて、Eがデイケアの中で自己の様々な思いを表現し、少しでも「主観的」に生きやすくなることを意図して関わってゆくこととした。知的で言語表現も豊かであることから、デイケアの中でEの率直な自己表現を促し、自らについて思慮を深める時間となってゆくとよいのではないかと考えていた。

初回の参加後、ほぼ毎週同じ曜日にデイケアに参加するようになった。初対面のメンバーとも自然に挨拶を交わし、相手の話も聞きつつ自分の話もしており、社交性が高い印象を受けた。#5では、初めて作るコラージュのプログラムに、「これには何の意味があるの？」と抵抗を示していたが、周囲のメンバーと共に制作した［写真1：コラージュ1］。作品に対し、「阿修羅像は大好きなんです。この写真に川はないけど、緑は奥入瀬を思い出させた。海

［写真1］コラージュ1

と緑と、結局自分の好きなものを貼りました」と感想を述べた。CPには、凪いだ海と切り立った崖のコントラストや、戦闘神である阿修羅がとても印象的だった。

#8では「昔から自信がなく、子育てしていた頃のほうが『しっかりしなくちゃ』とか『いなくなれたら楽かな』と思っていた」「今のほうが開き直っている。一人になって楽になった」と語っており、不安の強さはEが若い頃から続く傾向のように思われた。また、不眠について、「床に就いて眠れない時には、日中思い出せなかったことをふっと思い出し、それが頭をめぐり、眠れなくなる」と語っていた。一人で住まうEが横になってからもあれこれと思いを巡らしている姿を想像しながら、Eの訴えにじっくりと耳を傾けていた。#12では、「CPに言われたから、家族に手紙を書いてみることにした。娘とのやり取りで誤解を与えてしまったので、めったに書かない手紙を娘に書いた」と報告した。その翌週には、前回同様に家族に手紙を出したという話をして、「娘とじっくり話がしたい」と述べていた。どのような手紙を書いたのかを尋ねてみたが、はっきりとした答えはなかった。Eは「CPに言われたから」と言うものの、CPには手紙や家族に関して思い当たることがなかった。しかし、とにかく何かEの心動くことがあったようであり、娘と対話しようとしているEのありようを大切に思いつつ、手紙を出してみたというEの語りを聴いていた。

その数週後、あるメンバーが「同居している嫁のスケジュールが全く分からなくて困る」と訴えたのにEは共感を示し、「私はそのことで娘に手紙を送ったら、以後はカレンダーに書いてくれるようになったから、言ってよかった」と話した。#16では、「デイケアでの話を家族にもしている」と言い、来所が家族間のコミュニケーションの契機になっているようだった。

最近見た夢として、次のような夢を報告した。

【夢4】出かける前に準備をしようと思うけど、なかなかできなくて焦ってしまう。あれもしなきゃ、これもしなきゃということがたく

さん思い浮かんでしまう。

　一人で自分の身の回りのことをしっかりとこなさなくてはならないという
プレッシャーを感じつつ、そうするのが難かしいのもまたＥの現実なのでは
ないかと想像された。また、あれもこれもできる自分であり続けたいという
願いも感じられる夢であった。

　#22では、「気になることがグルグルと頭に湧き出てくると、決まって眠
れなくなるので、そういうことはなるべく早く解決するようにしている。一
人暮らしだから、一人で何でもちゃんとやらなければと思う」と発言した。
しゃんとしているように見えるＥの背後にある、独居生活の不安や心細さが
伝わってきた。ある回では、予定されていた絵手紙のプログラムを「苦手だ
からやりたくない」と拒否した。絵手紙にあまり気乗りがしていない他のメン
バーと共に意気投合して、プログラムの変更を希望した。Ｅやメンバーた
ちと何をしたいかを相談して、ペーパークラフト作りを行った。ＣＰは、予
定通りにプログラムを進めることよりも、「やりたくない」という主体的な
意思表示が見られること、そしてどうしたいかを自分たちで考え、決めてゆ
くことが重要だと考えながら関わっていた。

　Ｅの故郷で自然災害が起き、「親戚のことが気になって、一睡もできない
日もあった」と話す。ＣＰが協力し、インターネットで現地の情報を一緒に
確認する。Ｅはインターネットの地図を見ながら、その土地の様子を説明し、
学校時代の思い出を話していた。その数週後、「親戚から、インターネット
を見るようにと連絡がきたので、どういうものか見せてほしい」とＣＰに依
頼してきた。Ｅの親戚がインターネットに綴った記事には、災害を受けた地
域に住んでいたＥの親族との、温かな思い出が記されていた。「現地を支援
するように、家族（Ｅ）から頼まれました」と書かれてあり、それを読んだＥ
自身も嬉しそうだった。再び、現地での子どもの頃の思い出話をしながら当
地に思いを馳せていた。また、「次に貼り絵をする時に使ってください」と、
娘からもらったという旅行のパンフレットを持参したり（#33）、バスの中に

第6章　事例1：神経症的な葛藤を抱えながら生きる高齢者　　93

娘からもらった傘を忘れたといい、メンバーから「停留所に問い合わせ先が書いてある」と教わったりしており（#39）、デイケアと並行して家族との関係も動いていることが想像された。

#37では、自宅のブドウの木の育て方が話題になった。今までにちゃんと実がなったことがなく、どうやって育てたらよいのだろうと疑問を投げかけるEに、CPがブドウの栽培法をインターネットで検索してプリントアウトすると、「やってみます！」と意欲を見せていた。#41では、就職活動の男女など、人のある写真を選んだコラージュを作成［写真2：コラージュ2］。「この男の子はかわいいわね」と西洋人の子どもの写真を重ね貼りした。CPには、子ども、若者、成人、老人と、Eの気持ちが多世代の人にわたって向けられているように感じられた。

折紙のプログラム（#42）では、折り終えてから、折り方が逆だったことに気づく。「全部ダメじゃない」とガッカリするも、メンバーから「誰にでも間違いがあるわよ」と言われ、「ありがとう」と返していた。#44でEは、長年

［写真2］コラージュ2

付き合いのある知人が亡くなったと報告した。知人の人となりや知人との関係性ではなく、「長い付き合いなのに葬儀に招かれなかった」と憤っていた。「生前の本人の気持ちと、葬式を出している子ども達の気持ちは違うと思うと納得がいかない」と話しており、E自身の死に際しての思いのようにも感じられ、重ねて想像しながら聴いていた。

▶第2期 (X＋1年8月～X＋2年7月)

参加1年が経過し、CPと面接を行った (#47)。「最近は同世代の方が亡くなることがあり、いつかは自分にもそういう時、別れる時がくるのかな」「母は『厄年に産まれた子どもは役に立つ』と言っていた。私がそうで、『自分は役に立ったのかな』と考える」「自分が親の世代になり、死が当たり前のことに感じる。他の親子の話をここで聞いて、子どもの思っていることが私には伝わって来ないと思っていたけど、何もないようで何かは思っているのかなと思うようになった」と語った。近親者の死を悼み、自らの人生と死について思いを馳せ、またメンバーとの対話からの内省の深まりが感じられた。

フラワーアレンジメント [写真3：フラワーアレンジメント] を行うと、どうしても活け花を意識してしまうと言い、「何度やっても自分の型から抜け出せない。フラワーアレンジは自由でいいのに、左右対称に作ってしまう」と感想を述べていた (#51)。「型」から抜けづらく、自由になりにくいありようがとてもEらしいと思いながら見守っていた。

翌回ではコラージュ [写真4：コラージュ3] を作成した。「イケメンが大好きですから」と男性歌手の写真を選び、好きだった歌舞伎俳優の話を嬉々として語っており、若い世代への関心がいまだあるようだった。#53では、庭でなったブドウを持参した。デイケアでは食べ物は持参不可だというルールがあることを気にして「観賞用です」と繰り返していたが、Eにとって大事な実りのようにCPには思われ、〈食べてみてもいいですか〉とこちらから関心を示し、Nsと一緒に味わった。Eは「20年育ててきて、初めてちゃんと実がなった。ここで『袋をかけるといい』と教えてもらったからです」と謝

第6章　事例1：神経症的な葛藤を抱えながら生きる高齢者　　95

［写真3］フラワーアレンジメント

［写真4］コラージュ3

意を示し、Eが手塩にかけて育てた喜びが伝わってきた。

　一転してその翌回に、隣人が急死したことを他のメンバーがいないところでこっそりとCPに報告してきた。他のメンバーが帰宅した後、時間をとってNsとともにEの話を聴いた。亡くなった方とは長い付き合いがあったそうで、「何とかならなかったんだろうか……」と悔しさをにじませていた。Eの心情を問うと、「ショックだったけど、家族のほうが辛いでしょう。私は『ただ生き、ただ死す』で、しょうがないんだ、そういうこともあるんだと受け止めている」とあまり感情を見せずに語っていた。E自身が遺言を作成していると話し(#57)、「ご近所の人とはこういう話はできない。ここだから話せること」だと述べていた。デイケアでは、遺言や遺産の話も基本的には自由に語り、メンバー相互で話しあってもらうようにしていた。Eは、他所では持ち出しがたい話題をデイケアで語れることに意味を見出している様子であった。家族が誕生祝の食事会をしてくれたことをとても嬉しそうに話したり、E宅で娘たち家族と夕食をとる予定になっていたのに、食事を済ませてから来宅されたことがあると、過去のエピソードを振り返って怒ったりもしていた(#60)。家族が大事な存在であるがゆえに、喜んだり怒ったりといった気持ちの機微があるのだろうと想像しながらEの語りを聴いていた。

　#61では、「延命治療は希望しない」というEに、あるメンバーが「本人が希望しなくても、家族が忍びなくて希望してしまうこともあるのでは」と話した。「うちの家族はドライだからきっとそんなことはない。私も生きながらえたくない」ときっぱりと述べていた。しかし別の場面では、「娘から『私たちがこうして働き、生活しているのもお母さんが元気でいてくれるから』と初めて言われたのだと話し、Eなりに喜びを感じ取っているように思われた。同様に家族の話として、プログラムで見た映画を契機に、「結婚当初、勤める会社の経営が危うくなったために、夫から別れを切り出されたことがある。『なんで二人で頑張って行こうとならないの?』と夫に言ったことを思い出した」と回想していた(#64)。#68では、再びフラワーアレンジメントをしながら、「どうしても型にこだわって作ろうとしてしまう。そこから抜け

出したい」と言っており、型にこだわってしまう自分にこだわっているように
も思えた。「どうしても左右対称とか、角度とかが気になってしまう」と
手を加え続け、完成までに時間をかけていた。そうやってもがいている姿が
Eらしいように思われ、どう作るかについてはコメントせず、作っている過
程を見守るようにしていた。#69では、唐突に「ここでは旅行に行った話を
しないほうがいいんですか？　行ったことのない人に悪いですか？」と言い出
した。経緯がよくわからず尋ねるも、Eの答は「誰かに言われた」とぼんや
りとしていた。CPが何かを返すより、メンバーの言葉の方が重いと考え、
全体にどう思うか問いかけると、メンバー達は「私は旅行に行ったことがな
いから、Eの旅行の話が聞けて楽しい」「自分の話したいことを話したらい
い。遠慮することはない」などと口々に返していた。結局のところEの問い
の経緯はよくわからないものの、メンバーの発言を聞いたEは、「私もそん
なことを気にしなくてもいいと思うけど」と言い、それでよいのだと確認し
ていた。#73では、以前にあるメンバーから、「刺子が完成しないことを『ま
だやってるの?』と指摘されて気にかかった」と言い、かなり前のことを気
にし続けているようだった。Eに特有のこだわりと考え、当該メンバーとの
関係性について介入することはせず、Eの話を聴くに留めた。

　参加1年半が経過し面接を行った(#74)。「家で何もしなかった日の夕方に、
胸がざわつき、なんとも表現できないイヤな感じがある。寝る前には、あれ
これと自然に考えごとが湧いてくる」と述べる。「眠れないのはあるが、別に
いいやと思うようになった」と言いつつ、「朝になって、雨戸が開いてないと、
ご近所の手前どうなのか……」とも言い、「起きる」ことへのこだわりを見せ
た。「CPやNsがメンバーの作品に対してするコメントを聴いていて勉強に
なる。決して作品そのものについて意見しないので感心している。私は『こ
うしたらいいのに』と口を出したくなる。そういう自分を変えたくて、口を
出すまいと思っている」と話し、スタッフの言動を参照しつつ、自分なりに
表現を変えてみようとする試みをしているようだった。自分のスタンダード
と違うものを受け入れにくく、指摘したくなる心性は根強くあるようだった

が、それこそがEらしい側面のようにも思われた。

　#77では、あるメンバーが家族関係のいざこざについて話し、「変な話をしてすみません」と言うのに対し「いいのよ。ここだから話せるのよ」とフォローしていた。昔お芝居を観たという『蕨野行（うばすて山の物語）*2』の原作本を持参し、もしよかったらとCPに渡し、「昔は口減らしは普通のことだったんでしょうね。他人事ではない」と呟いていた。「背中にクリームを塗りたくて、なんとか自分で塗れた。これだけのことで娘を呼ぶのは悪い。でもこういう時に一人暮らしは困る」とこぼし、何気ないエピソードから一人暮らしの困難が想像された（#79）。#80にCPより、『蕨野行』について〈蕨野に捨てられる運命を知りつつ、どんな思いで過ごしていたのだろうかと思った。一方で集団で過ごす老人たちの生命力や生の楽しみ方も印象に残った〉と感想を伝えた。Eは「生きるためには、ああいうことも仕方がなかったんでしょうね」とだけ言い、尋ねてもそれ以上は語ろうとしなかった。#81で間違い探しのプログラムを行うと、問題に思い悩み頭を抱えているメンバーに折紙を差し出し「折紙の名手でしょ」と切り替えるようにさりげなく促していた。相手の長所を理解し活かしてあげようとする優しさが現れていた。#83ではデイケアのプログラムとしては珍しく洋画を鑑賞した（「ローマの休日」）。Eはあまり興味が持てないようで、うたた寝。終映後は「わかりやすい映画ね」と感想を述べ、穏やかな口調でチクリとした一言を発していた。#84では、工作をしながら、「紙がずれる」「きれいに切れない」などと口にするも、「文句を言わなくなったら終わり」だとも言い、CPはEらしいなと思いつつ聴いていた。「自分史を書いてみた」と、便箋2枚にわたり自分の出来事を年表にしたものを持参した。「80年を振り返る機会なんてないから、やってよかった」と話しており、幼少時の富士登山、新婚旅行、亡き父との旅行など、年表をもとに思い出を聴いた。

　臓器提供の意思表示について、「おばあちゃんのなんて使えるところがない」と言いつつ、「どこかで役立ててもらえればうれしい。脳死になったら提供していい」と話した（#88）。延命治療はしたくないというEにNsが「家

族はそう思わないかも」と別の視点を伝えるが、「私は長生きしたくない」と聞き入れなかった。その次の回で、「孫に臓器提供の話をしたら、『しないでほしい』と言われた。そうなんだなあ」としみじみ報告した。実際に臓器バンクに電話をして、自分の臓器が役立つかを尋ねたそうで、「登録してみようか考えている」とのことだった。「娘が私にいろいろ言ってくる。中身がどうこうではなく、ただ聴いてあげればいいんですよね」と話した。一言何かを言いたくなるＥにとって、「ただ聴く」ことはなかなか難しいのだと想像されたが、今ここでＥが改めて娘とのかかわり方を模索していることが伝わってきた。#90では、夕陽、仏像、日本旅館など静かなイメージを選んだコラージュ［写真5：コラージュ4］を作成し、「日本海の夕陽は本当にきれい。好きなものを貼っただけです」と話した。

　映画『東京物語』の鑑賞後は涙し、「両親が子どもたちにあしらわれ、家に帰らないといけない場面が切ない」「見ていて父を思い出した。父の晩年、死ぬかもしれないという覚悟で父を旅行に連れて行った」と回想するＥに、

［写真5］コラージュ4

メンバーも「最後の希望をかなえてあげたんだね」と、共感を示しながらその語りを聴いていた。

▶第3期 (X+2年8月〜X+3年7月)

参加2年が経過し、CPと面接 (#91)。「デイケアは勉強になる。周りの人の話、家族についての話を聞いて考える。メンバーの娘さんの話を聞いて、私は母に出来る限りのことをしたつもりだったが、他の人たちの話を聞いて、私はそんなにできてなかったなとも思う」と話していた。母としての自分だけでなく、娘として母親のことを回想しており、デイケアでの対話を聴きながらEがいろいろなことを想起し、考えていることが推察された。

#92では、カードゲームでブラックジャックを楽しむ中で、手札が15や16でももう1枚引きたがり、負けん気の強さが見て取れ、CPにはEの大事なエネルギーのように思われた。翌回のプログラムは水墨画だったが、Eは「絵が苦手でやりたくない」「こんなのダメです」「私は下手だから」としきりに言い、ためらいながらも取り組んでいた。メンバーが「チャレンジすることが大事なんですよ」と声をかけ、描き終えると安堵した表情をしていた。強迫性障害に関するテレビを見て、「私も鍵が気になって確認することはある。一人で暮らしていればどうしてもそうなる。自分でやらなきゃと思うから」と感想を述べていた (#97)。CPは、〈一人暮らしを考えると、その気持ちはよくわかる気がする〉と支持しつつEの話に耳を傾けていた。#98で行われた思い出の写真を持参するプログラムでは、20代のスナップ写真を持参。メンバーから「デートの写真でしょう」と声をかけられ照れ笑い。「他の人に写真を見せて話すことなんかないけど、ここならね」と披露する。どれも若かりし頃のEがカメラを見据えてきれいに撮られた写真であり、とても大事な記憶なのだろうと思いつつ見せてもらった。

#100では、「50代頃、夫が夕食後に煙草を買いに出かけると言ったきり帰らず、心配して夫の行きそうなところをいろいろ探した。結局は隣の家にずっといたらしく、頭に来て、家に帰ってきた夫を締め出した」と珍しく夫

のエピソードを語った。「その後に自律神経失調症の症状が出始めた」と話し、Eはそのできごととの因果関係を感じているようだった。#103では夫方の親族の葬儀に参列した後で、疲れが見えた。その後数回にわたり夫の親族の話題が語られ、「イヤな思いもしてきた。でも今回、『お互い色々なことがあったけど、ノーサイドにしましょう』と話した」と報告した。Eが苦労してきたエピソードを振り返るのを聴き、〈色々あったのですね〉とCPが労うと、メンバー達も共感を示していた。積年の思いが詰まった上での「ノーサイドにしよう」というEの言葉は、CPの胸に迫る語りだった。また、亡くなった親族が孤独死だったそうで、「誰かの世話になるくらいなら、一人がよかったのかも」とその死についていろいろと考えているようだった。CPは〈どうだったんでしょうねえ〉とEの心中を慮りながら聴いていた。また、ターミナルケアの番組を見て、「私は延命治療はいらないと思っているが、生きるのも大変そうな人が延命を希望していて、そんなこともあるんだと思った。私は延命はいらないと思うんだけど……人の気持ちは変わるんだろうか?」と語り、心中の揺れが伝わってきた(#110)。#111で作成したコラージュ[写真6：コラージュ5]には、家から持参した旅行のパンフレットから、知床、高千穂、弘前、平泉などの写真をアルバムのように貼っていった。今までに旅したところを振り返り、過去の記憶の整理をしているかのように思える作品だった。

　#112〜113では、歌を歌うプログラムにお気に入りのCDを持参。合唱部だった娘の指導があったと歌詞カードに細かくメモがあり、「音がうまく伸ばせない」などと固執していた。カラオケ好きなメンバーが「歌は体で、自然体で覚える」と話すのに対し、Eは「歌えた、歌えていない」といった技巧にこだわっていたが、そのこだわりがEらしいように思われ、CPは歌の巧拙には一切言葉を挟まなかった。

　参加2年半が経過し、面接を実施(#114)。「以前は、娘と些細なことでケンカしていたが、最近は気にならなくなり、言い合わなくなった。気力が衰え、体力も落ち、あんまり引っかからなくなった。いい感じがします。気にしてもしょうがないんだと思うようになった」「2、3時間眠れないこともあ

[写真6] コラージュ5

るが、眠れなくてもいいや、という感じ。自分としては、眠りはよくなっていると思う」などと述べ、心理的にこだわりが和らいだ側面と、加齢とともにこだわるエネルギーを失いつつある面とが感じられた。「膝は痛いが、掃除をヘルパーさんに頼むのはちょっと……」とも語り、自律した生活をしようとする意欲は保たれているようだった。また、#117では「小さい頃から力を抜くことができず、脚気の検査で足をブラブラすることができなかった。昔から神経質だったのかしら」と話しており、力の抜けないあり方の根強さが感じられた。#120では、昼休みの時間に、スタッフを介さず女性メンバー数名で談笑しており、とても自然に語り合っていた。Eが以前から希望していた麻雀をプログラムとして実施すると、「一緒に組もう」とメンバーに積極的に声をかけ、相談しながら楽しそうに打っていた。「なんとか一度は勝ちたかった」と強引な手筋で上がり、上機嫌だった。#127では、「近隣の家から自宅の木が道路に出ていることを注意されたので、切ってもらった。注意された言葉を思い出してなかなか寝付けない」と話し、注意を受けたことが気にかかっているようだった。プログラムで『おしん』を視聴

第6章 事例1：神経症的な葛藤を抱えながら生きる高齢者　103

(#130)。「私の両親もああいうことがあったのかなあと思いながら見た」「どうしても涙が出る」と照れ笑いすると、メンバーから「泣いてもいいのよ」と声をかけられていた。#133に「明け方に孫から電話があり、寝ぼけて取ったら切れた。かけ直したら、孫に『おばあちゃんの方から電話が来た』と言われた。でもかけた履歴がなくて、不可解」と報告した。主治医より、薬の副作用で幻覚が生じることがあると説明され、「そんなことあるのかしら?」と納得しきれていないようだった。

▶第4期（X＋3年8月〜X＋4年3月）

参加3年が経過(#137)。CPとの面接では、「麻雀もできたし、デイケアでは新しいことはもういい。デイケアは、決まった所に来ているのが良いのだと思う。メンバーの中でも古株になり、大分慣れた」と安定した参加ぶりだった。「夕方になるとモヤモヤすることが時々ある。外に出て、空気を吸って収まる」「何かあると、寝付きが悪いことがしばしばある。一人暮らしていると、いつも『忘れちゃいけない』と思っている」と話し、不眠や漠然とした不安感は完全には消えず、それと付き合いながら過ごしていることが窺われた。#139にCPより〈デイケアでの対話が、自身のあり方や家族関係について考えるきっかけになっているのでは?〉と伝えると、納得する。「前は、一人暮らしなんだからもう少し私の相手をしてほしいという甘えがあった。『5分でもいいから話をしてほしい』と娘に手紙を書いた。でも今は、皆忙しくて時間も取れないし、これでいいんだなと思うようになった」と話した。来所当初の手紙の内容が初めて明かされ、3年の経過の中で家族に対してゆとりが生じているように思われた。#143で、「デパートの会員が満期になり、もう1年と思っていたところ『まだやるんですか?』という態度をされた。年を取っているからということ?と思うと不愉快だった」と憤っており、〈それは失礼な話ですね〉とCPも共感を示した。Eが気になるであろう年齢をめぐって無作法な対応をされ、また「先がない」という店員の態度に腹を立てるのは当然のことのように思われた。翌回、今までにやったことのない

「こぎん刺し」に挑戦し始めた。目数を数え一針一針縫う細かい作業が続くが、「これならできる。きっちり縫うのは私に合っている」と手応えがある様子。コラージュ［写真7：コラージュ6］には、浮世絵や日本画に描かれた富士山の写真を集めて貼っており、浮世絵の中に高速道路が描かれた、新旧入り混じった不思議な写真が印象的だった。

　#150では珍しくEより年長のメンバーが参加しており、「お若い人」と括られるのに対して、「私も変わらないです」と仲間意識を見せていた。「ポックリ死ねたらいい。先はわからない」と語るメンバーの言葉を頷きながら聴いていた。またあるメンバーが、近所の人が亡くなったので顔を見に行くと話すと、「私はそれはしてほしくないの。自分の死んだ顔を見られたくないわ」と話していた（#154）。#156では、希望する墓碑銘として「倶会一処」を挙げていた。共にひとつの場所で会うという意から、極楽に行けば先祖たちに会えるという言葉である。Eの想いを尋ねると「前に聞いていい言葉と思った」とだけ語った。それ以上は言葉にしなかったので、Eにとって大事

［写真7］コラージュ6

な言葉なのだと受け止めた。

#157ではメンバーから一人暮らしで寂しいことはないかと問われ、「もう慣れたもの。夫の葬儀の後、これからは私一人なんだと覚悟を決めた」としっかり語っていた。「給湯器に見知らぬランプが点いていたが、調べると気になって眠れないからそのまま寝た」と笑って報告しており、一人暮らしの生活の中で不安は完全に消えることはないのだろうが、「そのまま寝る」という対処はこれまでと異なり、ゆとりが感じられた。また#159では同年輩の親族が亡くなり、「そのことを考えると眠れない」と言いつつも、「眠れないこともあるけど、年を取ったんだから仕方ない」と達観したような発言も見られた。

この間に、CPの退職と、その後数か月でデイケアも閉鎖されることが決まった。#161でCPの退職を伝えると、驚きを隠さなかったが、「先生のこれからを考えると、本当は喜んで送り出してあげないといけない」と気遣っていた。メンバーとの談話の中で、「若い頃は『まだ子どもが小さいからここでは死ねない』と思っていたけど、最近はいつ死んでもよいと思います」と淡々と語っていた。言葉の奥に言い尽くせない気持ちがあるものと思って聴いていた。翌回には主治医よりデイケアの閉所について正式に知らされることとなった。CPには「先生は若いから色々勉強して、偉くなってTVにも出てもらって」と冗談交じりに言うが、デイケア閉所については「ショックです」と率直に述べ、「家のこと、近所のことを色々気にせず話せる場だった」と残念がっていた。CPの勤務最終日には和菓子を持参した(#163)。デイケアの規則で持込禁止となっていることを理解した上で、「でも今日は特別。違反するのは年長者の私でいいでしょう」と一同を納得させていた。「娘に話したら、今回ばかりは親身に聴いてくれて、『残念ね』と言ってくれた」と話していた。「長いこと治療を受けてきたけど、頼れるのは先生でも薬でもなく、自分なんだと思った」と実感を込めて語っていたのがとても印象的だった。

第4節　考察

1.「わたし」らしく生きられなくなることへの不安

　夫の死後、Eは十数年を一人で暮らし、80代になってもその生活を続けていた。初回時にEは、「翌日で間に合うことも今日やっておかないと心配」だというエピソードを語っており、独居生活における不安と、一人で責任を全うし失敗を犯さないよう強く意識し、「老い」を一人で生き抜こうとしているEの姿があるように思われる。竹中（1999）は、「一人暮らしでいきいきと生活している老年者にも介護を受ける事態になることへの強い不安が潜在している」と述べるが、まさにEの置かれている状況だと言えるだろう。急がなくてよいとわかっていることをその場で準備しようとする（#1）のは、自分がそのことを忘れてしまい、思い出せないかもしれないことへの不安と、単居生活の中で、自分が忘れれば誰も助けてくれるわけでもないというプレッシャーが働いているであろうことは容易に想像がつく。Eは認知機能の問題を抱えているわけではないが、老年期を生きるEの心中には、物忘れへの不安が渦巻いていることがわかる。そのことは、#22での語りにより明瞭に表れている。

　Eが主訴とする不眠は、入眠困難の訴えはあるものの、睡眠をめぐってE自身が睡眠について思い悩むことが中核的な問題である神経症性の不眠として考えることができる（#1、#8）。土屋ら（2015）が述べるように、Eの不眠の背景に孤独感や喪失感といった心性が存するとみなせるのではないだろうか。コラージュ1に現れる凪いだ海に切り立つ崖というコントラストは、海と陸とがぶつかり合う狭間をイメージさせるし、戦闘神である阿修羅は、上品で穏やかなEの外見と、イライラして落ち着かない内面との対比が暗示されているように思われた。

　Eの場合は、自らを「神経質」と評し、50代から自律神経失調症の診断を受けて治療を続けている経過から、老年期特有の葛藤だけでなく、基本的な

心性として、細かいことで気に病む傾向があるものと考えられた。ユング（Jung, 1934/1970）は、神経症が現在に存する以上、神経症の真の原因は現在にあり、その治癒が起こるのも現在でしかないと述べている。Eにとっての神経症は、まさに現在その時々に生成されているのであり、そのこと自体を「今、ここ」で表現していくことによって、その症状が変化してゆくのではないか、という治療仮説が考えられた。よってデイケアにおいては、Eが「わたし」らしく心の迷いを表現すること、「わたし」が表現した不平、不満、不条理、不可避なことどもをデイケアで受け止めること、「わたし」がしっかりと自らの神経症に触れることが重要な心理的援助の役割だと考えられた。

2. 夢に現れる「老い」の弁証法的な動き

Eの初回夢は、いずれもEの老いと神経症的なありようが示される、きわめて興味深いものだと言える。夢1では、「出かけようとしているが」「出かけられない」という葛藤が生じている。結果として、物がないために出かけられずに夢は終わっている。「出かけられない」こと、すなわち、老いとともに何かができなくなることが夢に現れているにもかかわらず、「出かけようとしている」こと、まだ何か活動をしようとしていることがEの神経症の源であるように思われる。もし夢が「出かけない」とそのまま受け止めるのならば、対となる動きは生じないであろう。同様のテーマが夢2にも表れている。夢2ではよりはっきりした形で「夢だから探さなくてもいい」と夢は語ってくれている。しかし、何を探しているかわからないが、とにかく何かを見つけようとしているのである。ここにも「探す」「探さない」という神経症的な動きが見られる。Eの生きる老年期の「老−若」のコンステレーションで考えれば、「出かけたい」「見つけたい」という「若」の動きがいまだ影響を及ぼしていて、何かを「しない」という「老」の向きに傾かないことによってE自身が苦しんでいるように思える。夢4もほぼ同様の構造が見られ、出かける準備を「しようとする」が「できない」という対立構造になっている。

また夢3では、亡くなった叔母と存命の孫が一緒に現れ、Eが生と死の中間地点にいて、夢の中では生者にも死者にも出会える状況にあるものと考えられる。

ギーゲリッヒ（Giegerich, W.）（2005）は、ヘーゲルの弁証法は「正」と「反」の対立関係から「合」が生じるのではなく、始まりは単一のアイディアであり、単一に見えるものの内側に矛盾をはらんでいる、その内側の差異の動きが弁証法なのだと指摘する。これらの夢をEのイニシャルドリームだと考えるならば、老いを生きる夢見手であるEの魂の中に、「老」と「若」あるいは「生」と「死」という対立する差異があり、それが弁証法的な動きを見せているのだと考えられ、今後のEとのプロセスにおいて、この差異がどのような展開を見せてゆくのかについて意識しながら関わって行く必要があるものと考えられた。

3. 神経症を生きる──「わたし」らしいあり方

#25において「絵手紙はやりたくない」とプログラムを否定するが、これは「わたし」を賦活させるという視点において、Eの自己主張として重要な意味を持つと考えられる。一般的な集団療法では、足並みを揃えてメンバーが同じプログラムに取り組むことを主眼とするかもしれない。しかし、Eの抱える心理的課題を考えると、Eが思い悩まず目前のことを拒否することは、はっきりとした自らの意思を形作る瞬間だと考えられる。筆者らは、他のメンバーとうまく意気投合しながら、Eがプログラムをしっかりと否定することを認めるよう関わった。もちろん、プログラム通りに進行し、作業そのものを遂行することによって得られる治療的意義も考えられよう。しかし筆者は、心理的援助という観点から、反対、不平、不満をメンバー各人が発する「わたし」の重要な表現とみなしており、プログラムを否定したその先には、そこで「E自身」がどうしたいかが問われ、極めて主体的な行動が起こる可能性が生じる。おそらく、規定通りのプログラムを進行させることよ

第6章　事例1：神経症的な葛藤を抱えながら生きる高齢者　109

りも、そこでEが自ら考え、新たな動きが生じることに心理療法的な意味が
あると考えながら関わっていた。

#47では、他のメンバーの話を聞きながら自分の娘との関係性を顧みてい
ることが言語化され、#57、68では、フラワーアレンジメントで活けた花か
ら、自分自身のこだわりについて認識を深めている。これらの場面からは、
Eの神経症的なありようの変異が認められる。他者と比較しつつ「わたし」
の家族について語り、フラワーアレンジメントを作りつつ型から抜け出せな
い「わたし」について語っているのである。#74では、メンバーに対して意
見しないスタッフの姿から、対比的に一言いたくなる「わたし」のありよ
うに気づき、同様に#91では、「周りの人の話、家族の話を聞いて考える」
と語り、母でありかつ娘でもある自分自身について思索を深めている。これ
らの語りにおいて重要なのは、様々なことにこだわっている「わたし」を見
通す視座が生まれてきていることだと指摘できる。デイケアをマネージし、
メンバーをファシリテートしていく中で、ただ単に「自由にお話できる場」
を設け、臨床心理士がただそこにいれば、Eのような洞察が生じるかと言え
ば、おそらく否だと思われる。その背景にあるEの心理的特性に目を向けな
がら、辻褄の合わない話も言葉を挟まずに聴き（#12）、自分のこだわりから
抜けられない姿も認めていく（#51、#68）姿勢を崩さずにEの語りに耳を傾け
る聴き手として存在する、いわゆる「コミットメント」があることによって、
プログラム参加中の自らの行動だけでなく、他者の言動や振舞いを受け止
め、一度E自身の中をくぐらせることによって思索を深めており、デイケア
の場を自己内省の契機として用いられているものと考えられる。

　同様の構造変化が主訴である不眠についても見て取れる。眠れないという
訴えが続くものの、参加1年半の時点では「眠れないけど、別にいい（#74）」
と話すようになる。このことからは、眠りそのものには変化がなくとも、
それを受け止める「自分」が変わってきていることが示唆される。一方で、3
年経過した時には「何かあると寝つきが悪いことがしばしば（#137）」とも述
べている。高齢であるEが訴える不眠に対しては、不眠症状や愁訴そのもの

が生じなくなることが目指されるのではなく、そのことにこだわり、気になってしまう特質を持った自分自身と付き合っていくことが重要であり、心理臨床の立場からは「症状を消すこと」が一義的な目標ではないと言えるのではないだろうか。そのためには、「よくなった」「よくなっていない」等々、折々に自分自身の感じていることを表現する相手や場所が重要なものと考えられる。

　ケースに立ち返ると、Eのプロセスはリニアに神経症構造が崩れていくようなものにはならず、「ああでもない、こうでもない」と行きつ戻りつしながら展開していることがわかる。内省を深めた語りの直後には、娘と細かな事実の間違いをめぐって言い合ったエピソードが語られ(#91)、鍵の確認行為についての言及もある(#97)。小さい頃から力を抜くことができないという訴え(#117)からは、Eの神経症的なあり方は根強いものだと分かる。

　それでは、老年期にあるEの葛藤がどう展開してゆくことを「治療的」とみなすことができるのだろうか。Eは、「気力が衰え、体力も落ち、引っかからなくなった」ことに対して「いい感じがします」とEが感想を述べており(#114)、衰退に伴って神経症に緩みが出るようになることが治療的な展開とも考え得るし、「文句を言わなくなったら終わり(#84)」というように、何かに引っかかり続けて不平を語ることもまた、Eらしい老いのありようだとも考えられる。サウィン(Sawin, 2014)が、人生の後半において対称性の問題に取り組むプロセスを通じて、自我の相対化、個性化、意識化、人生の新しい意味への方向性を見つけることができると述べているように、どちらか一方への道のみに進み切ることだけでなく、対称となる両方を揺れながら生き、心理臨床家がそこにコミットし続けることが、神経症的な葛藤を抱える高齢者への治療的な関与だと考えられる。

　そのようなプロセスの中で、例えば、「家族はみんな忙しいし、これでいいんだな」と自ら納得したり(#139)、親族の葬儀に際して「お互いノーサイドにしよう」と積年の葛藤が解ける瞬間(#103〜104)が現れる。おそらく、ある時は不平を言い葛藤を抱え、またある時は内省を深めるという円環状の

心理的プロセスをEが動き続ける中で、心が動く貴重な一瞬が生じるのだと思われる。CPの退職に伴い、「規則違反をするのは年長者の私」と和菓子を持参したのはとても印象深い。種々の葛藤を抱えやすいEが、自らの意思で規則を破り、別れに臨んだと受け止められた。また、年来の治療を受けてきたEが、初めて治療者を「送り出す」側に回ったことも大きいのだろう。長い治療の末に「頼れるのは先生でも薬でもなく、自分なんだと思った」とEは述べる。もちろん、Eは今後も医療機関にかかり、投薬を受けるだろう。むしろこの意味は、そのような援助や治療を受けながらも、葛藤の揺れ動きは自分の中で生じていることであり、老年期をどう生きるのかの主人公は「わたし」であるという、当たり前ではあるが極めて実感しにくいことへの気づきだと考えられた。

4. 生と死の往還

　アメリイ（Amery, J.）（1968/1977）は、「主よ、あなたがお召しになるなら、私は喜んで従うつもりです、でも今夜はだめです」というフィンランド語の夕べの祈りを挙げ、自分が死に近づいているとわかる人には、「死ぬつもりではあるが、しかし今夜はだめ」だという不安定な均衡を生き、かつ「すべての夜が今夜」なのだと指摘している。80代にあって、Eは自立した生活を営むだけの体力・精神力を保持していた。しかし、過去の両親、夫との死別のみならず、経過の中でも複数の知人の死にも遭遇しており、80代という年齢も相俟って、死は不可避の心理的課題だと言えるだろう。そのようなEが表現する死への心の動きの特徴は、幾重にも及んで繰り返される「生と死の間の往還」だと考えられる。初回に語られた夢には、既に亡くなった叔母と存命の孫の両方が登場している。Eが「不思議だなあ」と感じているように、夢からは生と死の両方に足を向けられる中間領域に立っているEの内面世界が想像される。

　Eの故郷で起きた自然災害は（#28～30）、幼き日を共にした親戚の「死」を

予感させるできごとであったのだろう。CPはその傍らでEの思い出話に耳を傾ける。#44〜45において、Eは旧知の知人を亡くす。そこでのEの語りは、亡くなった方との思い出や、知人を失ったことに際しての感情ではなく、葬儀に対する不平不満であった。CPは自らの葬儀がどう執り行われるかを重ね合わせているのではないかと想像しつつ聴いていた。CPとの面接(#47)では、自分に訪れるであろう死について「当たり前のことに感じる」と語り、「自分は役に立ったのか」と自問自答しており、知人の死を契機に自らの死についての内省が生じていることが伺える。

　その後もEには、交互に織りなされるかのように「生と死」が現れる。#37でブドウの栽培法をスタッフに尋ね、情報提供したとおりに栽培してみて、#53ではそれが結実する。20年来で初めての成果であり、今のEにとっては新たな生命を生み出すことはかけがえのないことだと思われ、それをスタッフと共に味わう。しかしその翌回には、隣人が急死したことが報告される。「ただ生き、ただ死す」と語り、前回の知人の死と同様にあまり感情を見せないEであった。それはおそらく、情緒的な感情表出よりももっと深いところで身近に生じた死を受け止めているがゆえなのだと想像された。デイケアでは、独り身の日常を生きる何気ない辛さ(#79)、遺言(#57)や延命治療(#61、#88、#89)について話題に上る。「延命治療はしたくないが、臓器を誰かに役立ててほしい」というEの願いは、自分らしいあり方、他者の役に立つあり方で死を迎えたいというEの主体的な意思の表れだと考えられるが、「人の気持ちは変わるんだろうか?(#110)」と迷いも見られ、自らの命についての揺れが伝わってくる。

　同時期に作成されたコラージュを時系列に沿って見ると、コラージュ2(#41)は、子ども、若者、家族、老人が選ばれ、人とのつながりがイメージされる作品である。中でも、幼い子どもに「かわいい」と反応を示す。次のコラージュ3(#52)で「イケメン」を好むありようからは、Eの中で動くエロスや、若さへの親和性が想像される。その一方でコラージュ4(#90)は物悲しさも感じられる夕陽と仏像が貼られた静的な作品になっており、続くコ

第6章　事例1：神経症的な葛藤を抱えながら生きる高齢者　113

ラージュ5（#111）は、自ら書いた自分史の年表（#84）や、デイケアに持参した昔の写真（#98）と同様に、自らの記憶を回顧し、まとめ上げるような整然とした作品となっている。コラージュ6では、富士山を中心テーマとして、浮世絵や屏風絵が選ばれる中、右下には高速道路をアレンジした現代的な絵が配置され、普遍的な存在を軸にして、新旧の時間の流れが感じられる。このように、コラージュに表出されたテーマや選ばれた写真からも、緩やかな「生と死」の流転がイメージされるのが興味深い。

　この後のプロセスにおいても、Eの心は揺れ動く。気力、体力の衰えを言語化しつつ、「掃除はヘルパーには頼みたくない」と述べたり（#114）、希望していた麻雀を打つことができると（#117）、「新しいことはもういい（#137）」と満足する。「倶会一処」という墓碑銘（#156）は、来世でのEの姿をイメージさせるような言葉であった。同世代である親族を亡くし（#159）、おそらくその内面では自らの死についても想像していたものと思われる。CPの退職、デイケアの閉鎖という喪失を受けて、「最近はいつ死んでもいいと思う」という言葉の奥では、言い尽くせないような戸惑い、不安、覚悟といった感情が湧いていたであろう。

　一連の流れは、少しでも長く、自律した一人の人間として生き続けたい、新しいことにも挑戦したいという願望を持ちながら、しかしそう願うことによって生じる苦しみも体感しており、上昇だけでなく下降をも体験しながら、死を前にして自分の気持ちを整えるプロセスのように思える。Eが「死」に遭遇したとき、CPはその心情を必ずEに尋ねたが、言語化されないことが多かった。また、夢について尋ねても語らず（#74、154）、「倶会一処」に対する思いも言葉にはしなかった。これらの場面でCPは、それ以上問いかけてそれを明らかにすることはせず、「ただ」聴くことに徹した。Eが言葉にして伝えたくないと思っていたのかもしれないし、むしろEの中でまだ言葉として固まっていないことのようにも思われ、時を待つ意味も込めて聴くに留めるようにしていた。山中（2006）は、説得や解釈に依らず、ただ老人の言葉に耳を傾けることの重要性について指摘しているが、「生と死」の問題が

密接に関わってくる高齢者の心理臨床において心理臨床家にできることは、高齢者とともに居て、当人の心情を慮りながらその語りを聴くことだと言えるのではないだろうか。

5. デイケアを触媒とした家族との関係性の変化

来所初期に、Ｅは娘に手紙を書き、自らの想いを伝えている (#12)。ＣＰとの間で、娘に何かを伝えようと思うとか、手紙をしたためるといった話は一切なかった。その時点でのＥの「家族にもっと関わってほしい」という願いは、3年を経て、「家族それぞれに事情がある」という広い視点からの理解へと変化していく (#139)。

手紙を出した後、家族とデイケアの話をし (#16)、また家族もデイケアの活動を受けてパンフレットを用意したりと (#33)、デイケアが触媒となって、家族間の対話が生じていることがわかる。その結果として、家族への不満も出てくるし (#60)、同じように喜びや感謝も体験しているようだった (#60, #61)。臓器提供をめぐるデイケアでの話を受け、実際に孫に意見を求め「しないでほしい」と言われて初めて新しい視点を得ている。これも、デイケアを契機とした家族との関わり、そしてＥの気持ちの変化だと指摘できるだろう。

生身の家族であれば、常に良好な関係ばかりが継続するのではなく、悲喜こもごもを共にするものだと思われるし、そのような観点から言えば、Ｅがあれこれと不満を言いながらも家族との関わりに手応えを感じ、また家族もＥも何らかのレスポンスを返していくことで、とても自然な交流が生起していったのだろう。そのような流れを経て「家族それぞれに事情があるし、これでいいんだな (#139)」という認識に至るのだと考えられる。

一方で、夫との関係についてはあまり話題に上らない。#100で自律神経失調の契機が夫にあるとＥは述べているが、果たして言葉通りに受け取ってよいかは疑問であった。ＣＰのかかわりとして、もう少し夫について尋ねてゆくことは可能だったかもしれないが、デイケアという集団場面を考え、意

識してあまり積極的に介入していかなかった。むしろ、「語らなくてよい」ことを保証し、時を待つ方がよいのではないかと考えたからであった。この点に関しては、デイケアの特質でもあり、また個別の介入の難しさでもあると言えるだろう。

6. グループの力

　Eがここまで長期にわたって定期的にデイケアに参加していたのは、メンバーと出会えることも大きかったものと思われる。印象的なのは#69で、旅行の話をしてはいけないのかとEが言い出した時である。Eがなぜそのような発言をしたのかは結局のところよくわからないのだが、メンバーがEの言葉を受けて、「行ったことのない場所の話が聞けて楽しい」「自分の話したいことを話したらいい」などとEを支持した。同じことをCPやスタッフが伝えてももちろんよいのだが、一緒に時間を過ごすメンバーの言葉で伝えられることで、Eも自分自身の思いを確認することができたのではないだろうか。#77でメンバーをフォローしたり、#81で相手の良さを活かしたり、といった動きがEの方から見られ、Eによってメンバーが支えられていることもあれば、#93や#130のように、メンバーがEに安心感を与えたり、認めたりということもあった。

　このようなやり取りの基盤として、#74でEが自ら述べているように、CPやNsの言動、態度がデイケアの雰囲気を作っている部分は大きいように思われる。CPとしては、自分の発言や行動が「見られている」ということは常に意識しながら関わっていた。同時に、その回その回に集うメンバーの個性の影響も強く受けており、Eの場合、同じ曜日にずっと参加し続けていたこともあって、メンバーも固定していることが多く、集団凝集性の高まりとともに深いメンバー相互の関係性が生じていたと言えるだろう。

第7章

事例2：老いへの不安と神経症性
不眠を主訴とする高齢者

第1節　はじめに

　本章では、生真面目で葛藤を抱えやすい神経症的な性格を基盤にもち、老いへの不安を抱える高齢女性の事例を提示し、デイケア内での語りや、プログラム内で作られた作品について検討し、考察を加える。事例経過中、筆者に関してはCP、看護師についてはNsと記載する。

第2節　事例の概要

クライエント：F（70代前半の女性）

初診時主訴：不眠　老いへの不安

問題の経過：デイケア参加の約2年前に入眠困難、意欲や活動性の低下が
　　　　　見られ、かかりつけ医より薬物療法を受けていた。睡眠に関しては、服
　　　　　薬を継続していくと薬効が薄れる感覚があり、その一方で、服薬する
　　　　　ことへの罪悪感や不安もあったため、筆者が勤務していた精神科クリ
　　　　　ニックに来院した。主治医は、対人コミュニケーションとプログラム
　　　　　活動への参加による不安や抑うつ感の軽減を目的として精神科デイケ

アの利用を提案され、数日内でデイケア初参加となった。

家族構成：70代の夫と二人暮らし。既婚の娘とその孫がいる。

生育歴・社会歴：地方の田舎町で育った。高校に進学したかったものの、「経済的に許されないと思った」というFは、中学校を出ると住み込みで働くことになった。20代で、趣味のグループで知り合った夫と結婚。夫はその後独立して自営業となり、夫婦で商いを切り盛りしてきた。経済的に苦労した時期もあったものの「働くことは苦にならなかった」とFは言い、自身もパートを掛け持ちしながら、夫婦二人で黙々と働いてきた。40代半ばで乳ガンの手術を受ける。60代に入ると家業をたたみ、来院の数年前までパートを続けていた。

第3節　事例の経過

▶**第1期**（X年11月〜X＋1年10月）

初参加のFは、物腰柔らかく温和な印象で、礼節もしっかりしていた (#1)。当日は、若干の緊張が見られ、他のメンバーと積極的に対話しようとはせず、作業を黙々とこなすことでまずは様子を窺っている感じであった。しかし、スタッフからの問いかけにはしっかりと応じ、「老いを受け止めないといけないと頭では分かっているが、いろいろなことが以前よりできなくなり、時間もかかるようになった」「眠らなきゃと思うと目が冴える」「踊りのサークルでも、間違えたらどうしようかと気が気じゃない」などと話し、生真面目さ、固さを背景とした神経症的な葛藤を抱えているようだった。また、話の折々に「さみしいです」と繰り返し心情を述べていた。初回のプログラムだった塗り絵 [写真1：塗り絵] では、百合の花の図柄を選び、とても丁寧に、繊細に彩色しており、作品からはFの細やかさ、几帳面さがそのまま表現されているように思われた。「来て楽しく、帰ったら夫も表情がよかったことを喜んでくれた」と翌日も参加し、居心地の良さを感じられたようで、以後は

[写真1] 塗り絵

毎週1回のペースで参加するようになった。

　#2で改めてFに現在の状態について話を聴くと、入眠困難と、それを気に病んでますます眠れないこと、日常生活で他者と話す機会が少ないこと、記憶力の衰えがあり認知症になるのではないかと気にかかる、といったことを話した。また、自身のパーソナリティを、引っ込み思案で人との関係には入っていきにくい方だと説明した。この時点では、今回改めて精神科受診に至った心理・社会的な契機は見いだしにくいものの、Fの基盤として生真面目で葛藤を抱えやすいパーソナリティが考えられ、結果として不安感が症状として出現しているものと見立てられた。よってデイケアにおいては、本人の控えめな対人傾向に配慮して、まずはFが話しやすいように言葉を待つようにし、並行して語るきっかけを作ることを意図してスタッフからも声をかけるよう関わることとした。その結果としてFが主体的に過ごせるような時

間を提供していくことを援助の方向性として考えた。

　継続的にデイケアに参加するようになったFは、初めのうちは自発的な言葉は少なく、聞き役に回ることが多かったが、前述の通りスタッフがFに話題を振るよう意識して関わっていくことで、徐々に発言が増えていった。#3では、同様に不眠に悩むメンバーGに声をかけ、症状や薬について熱心に語り合っていた。メンバーHから教えてもらいながら編物に挑戦し（#6）、「基本はちゃんとやらなきゃ」と着実に編もうとする姿からは、真面目なFらしさが滲み出ていた。デイケアから帰ると、夫から今日やったことやデイケアの様子について聞かれると言い、夫との対話をメンバーたちからうらやましがられていた。入眠しにくかったり、再眠するのに時間がかかったりと、眠りの問題が毎回の話題になった。「若い頃の方がもっと気難しく、思った通りにならないと嫌だったが、今はむしろ和らいできた」と老年期以前のパーソナリティについて語っていた。#8では、「眠剤を半錠にするか、1錠飲むか悩む。睡眠薬を飲んでいてよいものか……」と戸惑いを語ると、メンバーGが「私も睡眠薬をずっと飲んでいるわ」と声をかけ、悩みを共有していた。メンバーG、メンバーHとの会話が増えており、CPはメンバー同士が主体的に関係を築いていることを意識し、話がずれたり意図が伝わっていない時は適宜補いつつも、それがなければメンバーたちの会話の流れを邪魔することのないように耳を傾けることが多かった。Fの言葉の中にも情感が込められるようになり、「娘にデイケアに参加していることを報告したものの、あっさりと素っ気ない応対だった。もう少し気にかけて欲しい（#9）」「乳ガンの手術後に登山をした。手術の辛さに比べれば山くらい登れると頑張り、それが自信につながった」などと語った。一方で、自分の作った工作に対して「色を塗る価値なんかない」とこぼすこともあり、自己評価の低さも垣間見えた。

　#12では、コラージュ［写真2：コラージュ1］を作成した。若い女性、ゴルフ場、自動車の写真が貼られており、「車でこんなところを駆け回れたらいいな」と話した。Hより、「この女の人はFさんね」と言われると、そんなこ

[写真2] コラージュ1

とはないと照れ笑いをしていた。作品を見て、若さや女性らしさへの希求や、「動きたい」という活動性の賦活がイメージされる一方で、駆け回りたいという場所がゴルフ場であり、どこか人工的な感じも受けた。この頃から来所時のFの服装がコーディネイトされたおしゃれなものへと変わっていった。

「小さなことに対しても細かく悩んでしまい、生きていくことはエネルギーのいることだと思う」と話す。診察で眠れないと話すと薬が追加され、薬の増量についての不安を述べ、CPが「主治医は、むやみに薬を出すことはなく、量についても考えて出してくれていると思う」と伝えると、安心したようだった(#13)。#14では「眠れないこと自体を気にし過ぎていてもしょうがないと思うようになった」と言い、また翌回には「眠れないことが常に頭にある」とも話しており、眠りに対する認知には動きが見られるものの、こだわりと葛藤自体は依然としてみられた。メンバーたちと孫への小遣いの話題になり、「夫が数円単位の値段交渉をしているのを見てきたから、簡単にお金は使えない」と話す。最後は「私と旅行するとお金を使わなくていいと言われる」と笑うが、働いてきた時の苦労や人生観が込められた語りのよ

うに思われた。#17では、参加者が少ないこともありFがよく語っていた。「若い頃のようにストーンと眠りにおちたい。年を取ってそれは無理だとわかっているが、受け入れられない」という発言からは、睡眠への神経症的なこだわりに、F自身の老いの問題が関連していることが窺い知れた。また、若い頃から寝返りを打つことがなく、仰向けのまま眠るのだと言い、「それがリラックス状態」だと説明していたが、CPにはその方が余程力が入るように感じ、Fの固さや生真面目さが象徴的に示されているように思われた。「夫といつまでも一緒ではないとわかっているが、一人残され、自分は寂しさに耐えられるだろうか? 他の皆さんはどうやって乗り切ったのだろうか?」「ガンの手術もあったが、自信になっているわけではなく、これから先乗り越えていけるかと心配で、そんなことをあれこれ考えると眠れない」というFの語りは率直であり、その内容はとても本質的で重いものだと思われた。それゆえ、CP、Nsともにあまり余計な言葉を返すことなくじっくりと聴いていた。デイケアにあった塗り絵の本を見て「やろうとは思うけど、初めの一歩が出ない」と手を出さず、「夫からは、頭で考えていることは真面目だが、行動はそれほどでもないと言われる」と笑いながら話し、夫はFの頭でぐるぐる考えがちな神経症的な循環をよく捉えているようにCPには思われた。一方で翌回には、編み続けた毛糸をほどきながら「編み物はやり直せるからいい。人生はやり直せないけど」と笑っていた。この発言は、生真面目に循環する神経症的な思考を客観的な視点から捉えており、フェイズの異なる語りが出現してきているように思われた。

　初参加から半年ほど経過し、隣り合ったHとひそひそ話をしたり、Gから「Fさんは優しいからね」と言われたりと、Fの細やかで温厚なありようが周囲に自然に伝わり、メンバーとの関係に深まりがみられた。寝つきはよく中途覚醒もないといい、睡眠はかなり安定しているようだった。#24では、他院受診時、「医師が白衣を着ておらず、ラフな服装だったのが気になる」「医師に検査をお願いしたら『やっても意味ないと思うけど』と言われ、話しにくい先生だと思った」などと珍しく不満を口にしていた。#26にて現状に

ついて「何がというわけではないが、全般的に何かが一歩前に出た感じがする」と評した。体力に自信も出てきて、一人で電車に乗って出歩いてみたい、デイケアの帰りに寄り道したいと思うことがあるそうだが、家で待つ夫のことが気にかかり止めるのだとFは言い、「好奇心はあるんだけど、外に出切らない」のだと自ら説明した。夫との関係性を更に問うと、「夫から束縛されているのではない。私の気持ちの中にあること」だと語り、自分の行動を自ら制止していることを言語化した。また「趣味を見つけないと」「健康のためには○○をしたほうがいい」などと話し、外的な目的が先行しがちで、内発的動機付けが生じにくい印象を受けた。活動性は明らかに高まっているようだが、夫のことを考えるとすんなりと一歩が出ないようであった。心の赴くままにすんなりと進めず、どうしても心理的な引っ掛かりが生じて戸惑うありようがとてもよく伝わってくる語りのようにCPには思われ、このようなあり方自体がFの特性の発露とも考えられ、傾聴に徹しつつ、Fがどう動いていくかを見守ってゆこうと考えていた。

　#27では、山菜料理と囲炉裏を囲んで座る俳優の写真を配したコラージュ[写真3：コラージュ2]を作成し、「この人、野草を食べるんですよ」と笑った。貼られたアイテムが、前回の「ゴルフ場」から「野草」に変化し、それを「食べる」というFの身体的な動きから、CPにはFが徐々に自然に根を下ろしつつあり、生命力の高まるイメージが浮かんだ。奇しくも#29では、デイケアで園芸を始めることとなり、Fは率先して土づくりや種まきをして作業を楽しんでおり、「皆の愛情をこめて植えたから必ず育ちますよ」と言ってメンバーを和ませていた。映画鑑賞のプログラムでは「阪急電車」を熱心に鑑賞。様々な登場人物にできごとが起きてゆくストーリーに「いろんな人がいるもんですよね」としみじみ感想を述べていた。

　当初は拒否的だった踊りの発表会に乞われて参加したのだと嬉しそうに報告し (#31)、外での活動に参加することも出てきているようだった。また、親族から随分表情がよくなったと指摘されたといい、「前はどんなに暗い顔をしていたんだろう」と笑う (#32)。一方で#33では、薬の副作用に関する

第7章　事例2：老いへの不安と神経症性不眠を主訴とする高齢者　　123

[写真3] コラージュ2

　新聞記事を読んで自らの処方について不安になり、診察時に主治医から説明を受けて安心したと言い、揺れ幅は小さくなっているものの、身の回りにある気になることに引っかかるところは依然として垣間見えた。七夕を控えた#35では、歩いている人の絵を書き添え「いつまでも元気で歩き続けたいです」と短冊に記し、「年を取ることで新しく知ることがある。年を取ってよいことはなかなかないが、その中でよいことを見つけたい」と語っており、「老いを受け止めないと」と言っていた参加当初に比べると随分としなやかになっているように感じられた。デイケアについて、「幸せを決めるのは自分の心。他人と比較しても仕方がない。自分が幸せじゃないと、相手をうらやんだり妬んだりしたくなる。自分の気持ちが一番大切なんだとここで学んだ」と真摯に語っており(#37)、自分らしくあってよいというスタンスを体得していることが窺われた。睡眠についても「眠れない日もあるけど、以前のようにあまり気にしないようにしている。お薬をいろいろと変えてもらえるわけではないから」と自分の認識を柔軟にして受け止めているようだった。

#40にて、転居に伴いデイケア参加を終えることとなったメンバーとの別れに際し、「人生いろんなことがあるんだな。人間だけじゃなく、植物や動物だって環境に合わせていかなきゃいけないんだし」と気持ちを巡らせているようだった。自分自身についても「夕方になると気分が落ち込み、もの悲しさ、虚しさに襲われる。雨戸を閉めると、今日はこれで誰にも会わないと思い、寂しくて仕方がない」と抑うつ的になることもあるのだと話していた。プログラムでは映画「東京物語」を鑑賞し、「今までで一番いい映画だった」と絶賛し、若い頃の母親との思い出を回想する。娘から海外旅行に誘われているのだが、「何かあったらどうしよう」と考えてしまい気持ちが乗らないのだとも報告し、Gからは旅行を勧められるものの、心動かされることはないようだった。その回に作成したコラージュ[写真4：コラージュ3]では、海外のビーチを連想させる海の風景を作品にしており、今一つ踏み出しきれない旅行をデイケアの場で体験しているかのようにCPには思われた。

#41では、前回に見た「東京物語」について「何十年経っても家族は変わ

[写真4] コラージュ3

らないところがあるんだな。本当にいい映画だった」としんみり感想を述べた。この頃から、他のメンバーが語る家族関係の話、特に家人に対する不平や不満の語りに対して、「こうしてみてはどうか」と提案したり、「私はこう思う」と意見したりする場面が増え、他のメンバーと異なる自説を主張することも出てきた。

#45では、なかなか子どもが会いに来ないとこぼすメンバーの話に、「今は私の娘もほとんど会いに来ないが、自分も若い頃は実家の親に会いに行くことなんかなかった。そういうことは年を取って振り返ってみるとわかる」と回想した。#46の後、夫が胸痛、頭痛、食欲不振を訴え、Fと同じ主治医にかかることになった。デイケアを1週休んで参加したFは、メンバーに夫の件を報告し（#48）、「ずっと一緒にいても気持ちがわからないこともあるんだな。こころのひだの見えないところもあるんだな」と感想を述べると、メンバーも「早く気づいてあげられてよかった」とフォローしていた。以後、夫はFのデイケアとは別の日に定期的に通院し、投薬を受けつつ、状態は順調に改善していった。

▶第2期（X年＋1年11月〜X＋2年10月）

デイケア参加から約1年が経過し（#51）、「あれこれ考えてしまう元の性質は変わらないが、前を向いている、自然体で進もうという感じがしている」「今までは心配や不安の中で過ごしていたが、自分から心配事を作らなくなった。これから先のことはあるが、その時その時に処理していこうと思うようになった」と現状を評した。そう変化したのは「ここで聞く皆さんの話を肥やしにさせてもらっている。レールに乗ったように老後を過ごすのではなく、人間何が起きるかわからないが、皆さんいろんなことが起きてもそれなりにやっているし、やっていけるんだと思った。自分も同じなんじゃないかと。災難が来ても、組み立て通りにはいかない。そうと分かっていれば、心配事も減るんだな。皆さんの話を吸収して、考えてきた。影響を受けてきた」としっかりと述べ、デイケアメンバーの語りをFなりに受け止め、内省

し、自分の思想・思考にしてきているようだった。睡眠についても、あまり気にしなくなったと述べた。最近よく夢を見るといい、次の夢を報告した。

【夢1】姉の家に子どもを連れて行き、豪華な御馳走を食べる。一度眼が覚めてまた眠ると、夢が続いていて、また御馳走を食べている。

明快に、ただただ食べている夢であり、CPには、F特有の神経症らしさが感じられず、食に没頭している感覚が印象に残った。現実には、デイケア以外にももう少し外に出て活動したい気持ちがあるものの、夫がどう思うかが気にかかり行動に移せないのだと話し、「外に出たとしても夫は何も言わないだろうが、でもどう思うだろうか」と考え、気にかかるのだという。自分と同じように、夫にも外に出て欲しいという望みがあると言いつつ、「それだと自分の物差しで考えてしまっているのかな。主人は元々そんなに外に出たがる人じゃなかった」という気づきも言葉にした。近所の人から「年を取ると良いことがない」とこぼされたのに対し、「悪いことばかりじゃない」と返したら、「何がいいの?」と逆に聞き返されたという。周囲の他者に比べて、F自身が老いに対する見方を緩め、その多様性に開かれてきていることが伝わるエピソードだと思われた。

#57では、最近はなかなか入眠できず。睡眠薬を飲み続けていることへの罪悪感もあると話すFに対し、Gが「私は眠れなくてもそういうものだと開き直るようにしている」「薬のこともあまり考えない方がいい」と助言していた。Fは「若い頃のように、落ちるように眠れることなんてないと思うけど、そんな眠りを求めてしまう」と述べ、思ったように眠れないことを心理的に受け止められないようだった。睡眠状態に良い時と悪いときとの波がみられるFではあったが、同じ悩みを抱えるメンバーからのピアサポートを受けており、CPは言葉を挟まず見守っていた。前はほとんど一緒に出歩いていた夫が、足の調子からだんだん外出しなくなったが、「そこまで合わさなくてもいいのかなと思って」と言い、一人で出歩くこともあるのだと言う。乳ガ

ンの手術が辛く夫にわがままを言っていたこと、小さい頃から潔癖なところ
があり、誰かが触ったところを触るのもイヤだったなどと、自分自身の過去
に関する今までに語られなかったエピソードが話題になることが出てきた
（#60）。#61では、メンバーとターミナルケアについて扱ったテレビ番組につ
いて、「お金にゆとりがなくなった人が、どう最期を迎えるかはこれからの
大事な問題」「延命治療を希望しても、最後の最後まで人の気持ちはわから
ないのだと思った」と感想を述べ合っていた。#62では、同じく不眠のある
メンバーIと「眠れないこともあるけれど、日中に支障があるわけでもない
んだし、睡眠障害なんだとは思わなくなった。眠り自体に変わりはないけれ
ど、受け止める気持ちが変化している」と話していた。しかしその翌回には
「夜に眠たくて布団に入っても、目が冴えて寝付けずに診察を受けた」と語っ
ていた。これまでの経過から、受け止められる時と、どうしても気になる時
とが繰り返し起きて来て、その循環をFが生きているのだとCPには思われ
た。#64で作成したコラージュ［写真5：コラージュ4］は、仏像と鬼の写真を
選び、「京都の仏像、鬼に悪い人を退治してほしい」と説明した。いつもど
ちらかというと正しく善なるものに重きを置きがちなFの作品に鬼が登場し
たことに、CPはFの世界の広がりを感じた。

　話が冗長になりやすいメンバーJが座を独占しがちで、Fは辟易感をあら
わにしていた。話の流れを見てCPより〈Jさんになんか言ってやってくださ
い〉とFに冗談めかして促すと、「Jさん、全くしょうがないわね」と笑いを
交えて一言物申していた。Fも笑って受け止めており、CPにしてみれば、F
にそのような形で表現を促しても応えてもらえるのではないかという信頼感
の下でのやり取りであった。#68では、「友人の辛い家族環境の話を聞くと
涙が出るが、何もしてあげられなくて」と話すFに、Jが「そうやって聞いて
もらって、安心していると思うよ」とサポートしていた。そのようなやりと
りを見ながらCPは、その時その時で、話に入っていきにくかったり、苛立っ
たりしながらも、Fだけでなくメンバー同士が互いに根底の部分ではつなが
り合っているような印象を受けていた。#70で制作したコラージュ［写真6：

[写真5] コラージュ4

　コラージュ5]には、好きな人として挙げた詩人の柴田トヨの写真を貼った。さりげなく人を励ますメッセージを発する自分より高齢の人物像は、Fの未来への心の支えのように思われた。また、赤い台紙が選ばれていたり、左隅には結婚式の写真も貼られており、過去や若さへの視点も感じられた。#72では、散歩しながら見かけるタンポポが、他の草と同じくらいにまで伸びて背の高さを合わせているのを見て、「周囲に合わせて生きようとする姿がすごいなあ。植物を見て学ぶことがありますね」としみじみと語っていた。映画鑑賞では「RAILWAYS」を見て「年を取ってからでも、人生を変えていくことができるんですね」と感想を述べていた。

　#75に、来所して1年半の面接を行った。Fは「度胸が良くなり、自信がついた」と言い、デイケアで何も指摘せず話を聞いてもらえることで、自分から話せることが大きいことをその理由として挙げた。睡眠に関しては、「睡

第7章　事例2：老いへの不安と神経症性不眠を主訴とする高齢者　129

[写真6] コラージュ5

眠に対する受け止め方が違う。これでいいのかなと思う」「夫とも眠れたかどうかをいちいち確認しなくなった」と述べ、実際には入眠困難や中途覚醒もあるようだったが、受け止め方の変化によって神経症性不眠がかなり和らいでいることが窺えた。個人面接ということもあってか、尋ねると最近の夢を報告した。

> 【夢2】幼い姿をした自分の子どもたちが、火の見櫓に登っている。私は下にいて別の遊びをしているのだが、それでも子どもたちの姿が見えていて、大丈夫かなあ？と思っている。
> 　火の見櫓は、私の田舎に実際にあるもので、実際は何メートルもなくて大した高さでもないんだけど、夢の中では「高いから大丈夫かなあ」と思っている。

> 【夢3】縁台に腰かけている母親を見ている。『あー、母はもういないんだな』と思う。

最近読んでいる小説が、いったん亡くなった人が死後の世界から戻ってくるという話で、そのせいであの世のことを考えているんだろうか? と連想を語った。

夢2では、自らが子どもたちとは別の場所にいて子どもたちのことを心配し、夢3では今はいない母親の姿を見ている様子が見られ、世代の移り変わりを経ながら、母親のいる場所、すなわち死がうっすらと意識されているように思われる夢であった。夢2では、実際の火の見櫓よりもFの実感はより高く心配になっており、Fがこころの中で火の見櫓を「高く」して心配を感じる神経症的なありようが感じられる夢であった。最近の日々について、「みなさんの温かさに乗っかっているから。困ることもない」と語っており、今後どうなりたいかを尋ねると、「パソコンを習ったり、いろいろやってみたいことはあるけれど、雲の上の感じで……」という。「雲の上」についてCPが尋ねると、その感覚には答えずに「私は目の前のことができればいい。雑草は自然のままでいい」と返してきた。CPは、Fが望んでいることは「雲の上」程に高いところにあるようには思われなかったが、「今のままでいい」として気持ちを収めているのだろうと思いながら、それ以上は尋ねなかった。パソコンを使い「自叙伝を書いて子どもに残したい。足元にある幸せを伝えたい」のだと話し、自分の人生への客観的な視点や、次の世代の伝承もテーマになってきているように思われた。

#78では、メンバーJの話の独占に下を向いて聞く気を見せなかったり、親戚のことを「明るい人。でも悪く言うと自己中」と評したりと、ネガティブな意思表示が生じており、そのような自己表出は大事なものだと思いながら聴いていた。老年期になって亡くなった冒険家について夫と話し、「好きなことをやれて、この人は幸せだったんだと思う。夫に反対されて何かを止めていたんじゃつまらない」と伝えたのだという。実際の行動としては表しにくいものの、心理的には好きなことや外に出ることに開かれている感じを強く受けた。#79では、デイケアにあるナスが虫にやられてしまい「悲鳴が

聞こえる。こんなになってしまって」とショックを受けている。プログラム
で映画「ツナグ」を鑑賞後に、Fが会いたい亡くなった人について尋ねると
「たくさんいて挙げられない。父か母かでも迷うし」と言いつつ、「亡くなっ
た人のことは、生きている人がどう考えるかですよね。亡くなることでいろ
んなことを教えてくれる」と話し、今生きているFが死者から何かを受け取
り、考えようとしていることが窺われた。

　体調不良のために数週おいて#80に来所した折に、鼻血が止まらず救急搬
送されたが、応急処置をされただけで、原因不明なのだと経過を報告した。
「脳出血なのでは？　白血病なのでは?と良いことは考えなかった」と言う一
方で、「睡眠と食事だけはしっかりとろうという意識があった」と気持ちを
切り替えていたとのことだった。以下の夢を報告する。

　　【夢4】デイケアに来ると、あったはずのナスがなくなっている。どう
　　　　　したのかなと思うけど、誰も何も言わない。私も心配なんだけ
　　　　　ど、聞けない。ベランダにはメンバーⅠさんがいるんだけど、ナ
　　　　　スのことなんて気にせずに明後日の方向を見ている。
　　　　　　Fのこころの中で、傷ついたもの（ナス）のことが気にはなるも
　　　　　ののどうしても触れにくいようで、その触れにくさが筆者には
　　　　　印象に残った。

　#83では、いつもは軽い小説ばかり読んでいるので、川端康成の「雪国」
を読んでみたが、略歴から彼が自死していたことを初めて知ったと驚いてい
た。#84では、話のかみ合いにくいJが数回休んでいると、どうしているか
を気にかけており、メンバーとしてのつながりも感じているようだった。親
族の施設入所の世話を一手に引き受けることとなって、役所や福祉事務所な
どを行き来することが続いた（#86〜87）。#88では、その疲れで背中に針で
刺されたような痛みがあったと言い、メンバーから「普段と違うことをして
いるから疲れるよ」と労われ、メンバーとの関係に支えられる面が強くなっ

ているようだった。そんな折にデイケアで鑑賞した「おしん」に対し、「貧乏
をしていても、おしんの母親は幸せそうな顔で死んでゆく。お金持ちの米問
屋の娘は不幸な死。そう考えると、何が幸せなのか考えてしまう……」としみじみ感想を述べていた。一方で、山田洋次監督の映画の話題では、「山田
洋次さんの映画は好きなんだけど、寅さんだけはちょっとね」と口ごもる
(#91)。その理由を問うと、「なんだかいい加減な気がして……」と笑って答
え、Fの生真面目さが伝わってくる微笑ましい感想のように思われた。来宅
した孫が、家ではテレビやおこづかいが制限されていて自由がないと祖母で
あるFに話したと言い(#92)、「娘ももう少し子どもの自主性に任せてもいい
のでは?」と思う反面、「私も母親としては子どもの小遣いを貯金していた」
と振り返り、「やっぱり同じことをしているんだな」「必死に子育てしている
のと、おばあちゃんでは見えているものが違うんだな」と感想を述べた。母
親として、また老いて祖母となった自分について、その立場や視点の変化に
ついて思索が広がっているようであった。また翌回には、若い頃は潔癖が強
く、毎日のように家を掃除したり、人の触った場所が気になったりしていた
が、今は体力がなくなり掃除も頻繁にできなくなったので、自然に気になら
なくなっていったと語った。このエピソードも、過去のありようが老いに
よって自然な変化をもたらしているがゆえの感慨のようだった。#94は台風
のために交通機関が利用できず、珍しく大幅に遅刻して来室する。その日の
朝に見た夢を話す。

【夢5】クリニックに、「今日のデイケアはお休みします」と電話をかけ
るつもりが、携帯が見つからない。自分はもう外に出ていたの
で、公衆電話を探して見つけるが、電話ボックスが倒れていて、
電話をかけている人も横になって電話している。私も同じよう
に横になって電話をかける。

　同じように横になって電話をかける生真面目さがFらしいなと
思いながら聴く。実際には、起きたら夫が「行けそうならばデイ

第7章　事例2：老いへの不安と神経症性不眠を主訴とする高齢者　133

ケアに行って来たら？」と言ってくれたので来たとのことだった。

　#95では、「いつも同じものになってしまうから、違うものを」とイギリスの田舎の風景を貼ったコラージュ［写真7：コラージュ6］を作成する。右下に女性の写真を貼り、「ベンチに人がいればよかったのにな」と述べた。のどかな風景に、ヒツジと花の写真がそれぞれ重ね貼りされ、草だけではない彩りが感じられるナチュラルな作品であり、Fの心境にフィットしているような連想が湧いた。F自身は、他のメンバーの作品も細かいところまで興味を持って見ており、好奇心や仲間への関心が見て取れた。

　夫婦仲の良さを感じさせてきたFであったが、「だんだんとお互いの考えることが違ってきたり、ゆっくり話すこともなくなった。言い合うこともあって、話を終わらせてしまうこともある」と夫婦間の細かなズレを言葉に

［写真7］コラージュ6

したり（#96）、親族の世話をしながらも「昔はいじめられたけど、今は情が湧いて、昔のことは気にしていません」とイヤな体験に折り合いを付けようとしていた（#97）。すべてを「良かったこと」として括らず、自分の中にある違和感を言葉にするようになっており、CPには大事なこころの動きのように思われた。

▶第3期（X年＋2年11月〜X＋3年3月）

　約2年が経過し（#99）、かなり活動的になっている自覚があるというFは、「もっと羽ばたきたい。知らない世界を覗いてみたい」と言う反面で、「でも家に夫がいるし……」と逡巡も見せていた。また、「娘ともっと話したい」が、「忙しいかと思うと電話もできない」といった葛藤を語った。また、デイケアは楽しく、生活の柱だと評するも、「Gさんは先輩なので」と普段よく話しているGとの間の年齢による違和感を初めて口にした。このような細かい語りから、Fの中にある小さな不満、違和感、葛藤が少しずつ表現されてきており、一見するとネガティブな語りではあるものの、Fにとっては重要な自己表現だと思い、その流れを止めずに率直に語ってもらえるようコメントを挟まずに話を聴いた。

　#102では、微熱が続くが医師からはあまり気にしないように言われたと言いつつ、「実は大きな病気が潜んでいたりして」と冗談めかして笑った。10歳以上年長のメンバーに対し、年を取るのはどういうことかと積極的に尋ね、「なるようにしかならないわ」との答えに頷いていた。いつも不眠の悩みを共有しているGが眠れないことを訴えると、「あまり気にしていてもしょうがない」とさらりと述べ（#111）、同じようにGが、「最近は診察で聴診器を当てない医者が多い」と憤ると、「自分から胸を出しちゃえばいいんじゃない」と冗談で返しており（#112）、関係ができているGとの間ということもあってか、コミュニケーションの幅や質が広がり、柔軟になっているように思われた。

　その後、CPが退職することとなり、#114でCPよりメンバーたちに伝える

第7章　事例2：老いへの不安と神経症性不眠を主訴とする高齢者　135

と、驚きとショックを隠せず、黙り込んでじっと考えていた。CPには「心理士は大変な仕事。こころは目に見えないから、外科のように手術すればいいわけでもないし」と労いの言葉をかけた。その翌週にはデイケア自体が数か月内に閉所となることを主治医から告げられ、こらえきれずに涙をこぼしていた。「デイケアには近所づきあいとは違う良さがあり、何でも話せた。家に帰りたくないと思える場所だった」と率直に述べ、他のメンバーたちが語るデイケア評に対しても、共感しつつ聞いていた。「いつかこういう日が来るんじゃないかと思っていた」とも述べ、自分の気持ちを押し殺し、仕方ないと何とか収めようとしているようだった。CPとの最終回では、「自分からどんどん外に出ていこうと思って」と小旅行の申し込みをしたと報告。閉所の反動からか、外に場を求めようとしているようにも思われた。別れが辛そうであったものの、気丈に振る舞い、「子どもを産み、育て、働き、夫を看取る。それを全部やり遂げて死ぬんだから女は強いんです」と自分に言い聞かせるように話していた。CPが、同曜日に来所するメンバー全体のチームワークの良さや細やかな優しさについて伝えると、Gから「Fさんのことね」と声を掛けられていた。別れの挨拶を終えてドアを出た先で、Fは茶目っ気を見せて手を振っており、笑顔で別れたいというFの気持ちが伝わってきた。

第4節　考察

1. 老いてゆく「わたし」──連続する心理的葛藤

　神経症は現実を否認することによって生じるものと考えられる。すなわち、完全であろうとする意識に対して、完全性を否定される動きが出現することにより葛藤が生じ、そこに神経症が発生するのである。本論においては、初回で「老いを受け止めないといけないと頭では分かっているが、いろいろなことが以前よりできなくなり、時間もかかるようになった」と率直に語ら

れたように、Fが直面する心理的テーマは老いてゆく「わたし」だと考えられる。Fのプロセスにおいては、神経症性不眠の訴えが繰り返し出現し、ある時は気にならなくなり、ある時は気になりということを繰り返していく。しかし#17において「若い頃のようにストーンと眠りにおちたい。年を取ってそれは無理だと分かっているが、受け入れられない」と明確に述べられている通りに、老いてゆく自分をどう受け止めてゆくかということが根底にあるのだろう。人は誰しも老いたくはないものだが、しかし老いて死んでゆく。それはとても受け入れがたいものであり、そこに葛藤が生じる。そのように、高齢者には「基本的神経症的構造」が見て取れるのだと、新福（1984）、浜田（2001）らは指摘している。初期の段階でFのイメージする「老いの受け入れ」とは、初回で描かれた塗り絵のように几帳面で乱れのないしっかりとしたものであり、「受け入れられた」というゴールがイメージされていたのではないだろうか。しかし、Fのデイケアでの経過は、「老いを受け入れる」ことが、目標やゴールではなく「プロセス」であり、ある時は受け入れられ、そしてある時は納得できない気持ちが生じ、というように行きつ戻りつしながら進むものだと教えてくれているように思われる。

　初期の段階では、睡眠薬を服薬して眠ること自体が受け入れがたかったようであり(#8)、「診察で眠れないと話すと薬が増えて不安(#13)」「眠れないことを気にし過ぎていてもしょうがない(#14)」「眠れないことが常に頭にある(#15)」というように、眠りをめぐるFの揺れが言語化されている。主治医から必要な薬物療法が提供されていることを前提として、CPはむしろ不眠をめぐる動き自体をそのまま受け止め聴いてゆくこととした。「睡眠障害の解消」という単極的な目標を持つならば、「不眠をどう扱うか」ということに固執した視点をもってFに会うことになるが、それは協働治療者として主治医がすでに十全に担っているという信頼が前提となっている。その上で心理職としての筆者は、眠りに関するFのありよう全体を受け止めるという立場を取り、「眠れる」「眠れない」といういずれの語りも聴いてゆこうと試み続けた。

第7章　事例2：老いへの不安と神経症性不眠を主訴とする高齢者　137

　デイケア参加を通じて、Fは徐々に活動性が高まり興味関心が広がりを見せたが、「夫が気になる」が故に「外に出きらない」と述べる（#26）。その心境を問うCPに対して、夫が止めているのではなく、制止が「わたし」の中にあるものなのだと率直に説明していた。夫との実際的な人間関係ではなく、Fの中にあるイメージとの間の自己関係が問題となっており、極めて神経症的なこころの動きだと考えられる。この点で言えば、結果的に外出するかしないかはFのこころに委ねられており、その動き全体を見守ってゆくのが心理的援助なのではないだろうか。

　#27におけるコラージュでは「野草を食べる」という連想が湧き、#29以降で園芸に携わり土に触れるFの姿からは、外に向けて湧いてきたエネルギーが感じられる。映画の登場人物に共感し、人の生きざまの多様性に触れている（#29）。また、今までは逡巡していた踊りの会に参加し、外への動きがみられた（#31）。一方で、新聞記事をきっかけに処方薬への不安が生じたりもしており（#33）、Fの心理的な動きは常に揺れを伴うものだと考えられた。デイケアにおいてはそれらを表現することが認められ、Fにとっては揺れ迷うことができる器として、他所にはない意義を持っていたのではないかと考えられる。そう考えると、デイケアメンバーが語る「何でも話せる場所」という感想は、単にどんな話題でも話せるということだけではなく、ある時は右、ある時は左といったような矛盾する語りを表現してよい場所だという意味が込められているものと推測される。

　#35においてFは「年を取ってよいことはなかなかないが、その中でよいことを見つけたい」と発言する。それは#37において「幸せを決めるのは自分の心」であり、「自分の気持ちが一番大切」だとさらにはっきりと表現されている。葛藤の中で、「わたし」らしくあればよいという主体的な視座を持つようになっている。メンバーたちに「自説」を述べるというのも、Fの立場からの主体的な発言だと捉えられよう。

　しかし、それがゴールになるのではなく、#40では「夕方になると抑うつ的になる」「何かあったらどうしようかと思うと海外旅行に行けない」などと

いった抑止が引き続き生じてくる。#45での「娘には来てほしい」一方「自分が若い頃は実家にはいかなかった」という語りからは、単なる過去の回想ではなく、自分の願いを語りつつも若い頃の自分に思いを馳せて現実を受け止めるという心の動きが感じ取れる。そのような経過を経ての、#51における「先のことはその時その時処理していく」「人間何が起こるかわからないが、それなりにやっていく」という発言は、また改めてFの主体性を感じさせるものであり、同時に語られた「ただご馳走を食べる」という夢に象徴的に示されるように、目の前にあるそのことに専心することの意義を述べているものと考えられた。「災難が来ても、組み立て通りにはいかない」というように、あるべき「組み立て」を堅持しようとするからこそ、組み立て通りにいかないことが受け止められずに神経症的な葛藤が生じるものと考えられる。ここでいう「災難」とは、今後の老いを生きてゆく上での困難や問題が想定されていることは想像に難くない。来所当初は「老いを受け止めないといけない」と固定化していたFの信念が和らぎ、老いてゆくこの先に何が起こるかわからないが、その時その時を主体的に生きていこうとしていることがわかる。

　依然として、睡眠薬を飲むことへの罪悪感や、「若い頃のように眠れることはないと思うけど、そんな眠りを求めてしまう」という葛藤が語られる（#57）。眠れる、眠れない、眠れなくてもいい、眠りたいといった語りはその後も毎回のように変転していく。そのプロセスには、睡眠をめぐるAの心情が循環するものであることが示されている。

　#75で今後の希望について「パソコンを習うこと」だというが、Fにとってそれは「雲の上の感じ」だという。その時点でのFの活動性を考えると、パソコンを習うために外に出ていくこと自体はそれほど困難ではないように思われたが、Fにとっては「雲の上」程に遠いことのように感じられるのだろう。これは夢2で、実際には数メートルの火の見櫓を「高いもの」と感じている夢の動きとパラレルだと指摘できよう。CPの関わりという点で言えば、上述の通りFがパソコンを習える可能性自体は感じつつも、CPは活動その

ものに着目して「試しにパソコン教室へ行ってみてはどうですか」といった言葉かけはしていない。それは、CPが夢や「雲の上」という言葉に示されるようなFの心情を受け取っているからである。

#88における「お金持ちが幸せそうでもない、貧しく苦労した人が幸せそうにも見える、そうであれば『幸せ』とは何なのだろうか?」という感想も、「わたし」にとっての幸せを問う極めて主体性の問われる問いのように思われる。心理療法や心理的援助はその問いの答えを提供するものではないが、しかしこのような語りを引き受け、Fが自分自身とっての幸せを心理的に体験することを支援していくことが重要な役割なのではないかと考えられる。

#92では、#45のときの語りと同じような構図の母子間の回想がなされている。若い頃の自分を想起しつつ、老いて祖母となった自分と現在の娘との心境の異動について内省が深められているといってよいだろう。F自ら「おばあちゃんでは見えているものが違う」と述べている通り、それは自分が母親よりも老いた存在であること、「おばあちゃん」であることを自認した発言である。こういった一瞬が「老いの受け入れ」の瞬間なのではないかと筆者は考える。それは一瞬だけでよく、また次の瞬間には老いを受け止められないという思いが湧くのも自然なことではないだろうか。

#93で語られた、「若い頃は強迫的だったが、体力がなくなり掃除ができず、自然に気にならなくなる」という経過は、体力低下を受け止め、そこを生きざるを得ない心境が表現されているように思われ、老年期神経症の緩和のプロセスとして、「こだわりぬくまでのエネルギーがなくなる」という要因が作用していることが示唆される。一方でその翌回の夢5では、前の人と同じように横になって電話をかける、どこか生真面目でぎこちないFの姿も見え、CPには行ったり来たりのこころの動きが感じられていた。

#95で制作されたコラージュも、のどかな風景を中心としたナチュラルな作風のものであった。夫とのズレを言語化したり(#95)、親族との関係に折り合いを付けたり(#97)と、自らの心情を語り、「良かったこと」としてすべてを括らず違和感を言語化しており、それはより素直なFの姿のように思わ

れた。#102では、年長のメンバーに老いについて尋ね、「なるようにしかならない」ことを確認し、いつもはFに助言してくれることの多いGに対して、「気にしていてもしょうがない」と逆にアドバイスしたり（#111）もしている。冗談で心配事を笑い飛ばすありよう（#112）は、もともとFが持っているユーモアがより引き出され、ゆるみが生じ、よりのびのびと自然体で過ごす瞬間が出てきているように思われた。その反面、「寅さんはいい加減な気がする（#91）」という発言は、のびのび自然体な人物像を受け入れがたいFのありようが素朴に表れているようにCPには思われ、微笑ましい思いで聴いていた。

　デイケアの急な終結に当たっては、「子どもを産み、育て、夫を看取る」という女性のライフイベントを話題に挙げて、自身の気持ちの強さを表現していた。Fが無理に強く居ようとしていたようには思えなかったが、CPの退職やデイケアの終了について、複雑な思いを抱いているだろう中で、最後は優しく気丈な姿でCPを見送っていた。

　河合（1989）は、例えばエリクソンが提唱するような段階的・継時的な発達という視点は「男性の目」から見たものであり、もし発達を「女性の目」から見れば、すべてのものは最初から存在し、もっと円環的な変化を示すのではないかと述べている。個人の無意識の中には、生まれたときから子どもの元型も老人の元型も持っており、どの年齢においてどの元型の働きが優勢となっているかと考えるのである。その視点は、Fの老いに対するこころの動きや、その症状化である睡眠障害の理解に大いに役立つ。すなわち、Fが老いを受け止めきれず、先のことが心配で、健康や若さを希求する瞬間と、これでいいのだと自分自身を認め、老いへの理解を示す瞬間が円環的に表れてくるという視点である。睡眠障害に関する語りについてもクリアに円環構造が示されていると言えるように思われる。

　事例全体を振り返ると、全体としてみれば当初の「老いを受け止めなくては」「眠らなくてはと意識しすぎて眠れない」といった固さはかなり和らいでいることがわかる。本事例は、そのプロセスが、葛藤や気持ちの揺れを伴いながら、円環の中をスパイラル状に進行するものであることを示唆してい

る。人が老いてゆくことは自然の摂理であり、誰にも共通に生じる現象である。Fが初回で語るように、「いろいろなことが以前よりできなくなる」ことに直面せざるを得なくなるとき、現実に抗って「完全であろうとする意識」が保持されていれば、その間に心理的葛藤が生じることとなる。

そのような視点からFの訴えをpsychologicalなものとして受け止めてゆくとするならば、Fに対する心理的援助は、「若さや活力を取り戻す」という単極的な目標の下で営まれるものではないだろうし、「眠れない」状態から「眠れる」ようになった、といったようなリニアな変化を提供することではなく、イメージする理想のありようと現実との間の葛藤の揺れ動きをしっかりと抱えてゆくことにより、新たな「わたし」らしい老いを創造してゆくことを支援していくことだと言えるのではないだろうか。

2. 背後に見える「死」のテーマ

40代でガンに罹患した経験を持つFではあったが、デイケアに来所するメンバーの中ではとりわけ健康的であり、身体能力も高い存在であった。しかし、#17で「ガンの手術もあったが、自信になってはいない」と語るように、前項で考察した「老い」をめぐる心理の背景には、「死」に対する思いがあるように考えられる。

#60で、ガンの手術の時の辛さを言葉にした翌回に、「どう最期を迎えるかは大事な問題」だと述べる。まだその内容は具体性を帯びていないが、70代前半のFの中で最期が視野に入っていることがわかる。また延命について、「最後の最後まで人の気持ちはわからない」と語るFにとって、死についての気持ちも定まっていないのではないかと推察された。

夢3での、亡くなった母親との夢での出会いも、緊迫感や感情の高ぶりが感じられるものではなく、比較的淡々としたもののように思われる。その前の夢は幼い子どもを母親の視点から心配するという内容であり、Fの軸足はまだ「生」にありながら、折々に生の彼岸である死が立ち現れてきているよ

うに思われた。#79では、「亡くなった人のことは、生きている人がどう考えるか」だと話しており、自分が死の側ではなく、死者をどう捉えるかという生の側にいるようだった。

　しかし現実的に「虫にやられてしまったナス」という傷つきを目にすると、明瞭にショックを受ける（#79）。奇しくもその翌週にF自身が救急搬送され、原因不明のまま鼻血にみまわれるという体験をすることとなった。夢4では、虫にやられてしまったナスを気にかけるも、Fも、それ以外の誰もがそのナスのことには触れない。CPには、イメージの中で、亡くなって行くもの（ナス）に対して自分から触れてゆきにくいようにも思われるし、またFにとって死が目に入ってはいるものの、はっきりとした形で対話する以前の状態なのかもしれないとも思われた。#83での川端康成の自死についても、自死そのものについては話題にせず、「初めて知った」という報告のみであった。同様のことが#102での「実は大きな病気が潜んでいたりして」というジョークにも当てはまる。「死」にリアリティがあれば、大きな病気は笑い飛ばせないであろう。

　最終セッションでの「子どもを産み、育て、働き、夫を看取る。それを全部やり遂げて死ぬんだから女は強いんです」というFの言葉は強く印象に残る。それをやり抜くまで「生きる」のと同時に、Fにとっての「死」がその先にあるということなのだと考えられる。

　これらのエピソードからは、Fにとってはまだ「死」よりは「生」の方がリアリティを持っていることが窺える。いまだ「死」はバックグラウンドであり、「いかに老いるか（老いを「生きる」のか）」に強く意識が向くのであろう。これは前期高齢者の心性としてとても興味深いことのように思われる。黒川（2008）は、老年期は近づいてくる死を意識する時期であり、死がもはや遠い未来の出来事ではなく、現実的な避けられないものとなるのだと述べている。前章に挙げたEの事例と対比すると、Eの場合は「死」がもっとくっきりと日々の中に現れ出ていた。もちろん別個の人生を歩む個人を単純に比べることはできないが、10歳ほどの年齢差が「死」との心理的距離に違いを生

んでいることは指摘できるだろう。すなわち、死生観や老年観にも個別性が
あり、老年期を生きる中で変転していく可能性があると言えるのではないだ
ろうか。そこに関わる専門職として、高齢者その人にとっての「老い」や「死」
について目を向けてゆく必要があることが示唆される。

3. デイケアメンバーの存在とピアサポート

Fは、数回を除いたほぼ毎週、同じ曜日にデイケアに定期的に来所してい
た。決まった曜日にはほぼ決まったメンバーが集っており、自然と凝集性が
高まる傾向にあった。Fはメンバーたちとも関係性を深め、支えられている
のが特徴的である。

初回参加のFは、緊張がみられ、作業をすることでうまく場に溶け込み、
積極的にコミュニケーションを図ろうとはしなかった。しかし、スタッフに
対してはしっかりと応対しており、コミュニケーションスキルそのものは備
えていることが分かる。初回参加の翌日にも参加してみたのが、Fにとって
の大きなターニングポイントだったかもしれない。それ以降は、同一の曜日
に参加するようになっており、おそらく初回よりも2回目のメンバーの方
が、どこか居心地の良さを体験できたのであろう。スタッフが意識してFに
言葉をかけていくことでFの自発的な会話も増え、メンバー相互の対話も生
じていった。メンバーGは、Fよりも年長の女性であったが、Fと同様に不
眠に悩みがあることから、同じ悩みを共有でき、自然と親しくなっていった
ようだった。また、同じく年長のHから編物を習い、Hも丁寧に教えてい
た（#6）。70代前半のFは、デイケアメンバーの中では若い部類に入り、優
しく気遣いのできる性格で、年長者から可愛がられるところもあったのかも
しれない。メンバー同士の対話も増え（#8）、CPは相互交流を重視して関係
が自然に深まっていくのを見守るよう心掛けていた。年長の、すでに夫と死
別しているGやHと接していく中で、他のメンバーたちが夫との死別をど
のように乗り切ったのだろうかという問いが生じる（#17）。個別の関係の中

で、話題に上った可能性はもちろんあるが、筆者の知る限りデイケアの中で
は、夫との死別体験についてGやHに直接尋ねる場面は見られなかった。
むしろ、死別をしても今このように生きているGやHの存在を見ること自
体が、Fにとって大きな支えになったと考えられる。

#40でメンバーとの別れに立ち会ったFは、直接の言葉かけはほとんどな
かったものの、「人生いろんなことがある」と感想を述べている通り、その
体験が意識され、別れに際していろいろなことを考えており、刺激を受けて
いたことがわかる。また、徐々に他のメンバーの家族関係の話や不平不満の
訴えに対し、意見を述べたり提案することが出てきた。ただ話を合わせるだ
けでなく、自説を主張するようになり、デイケアメンバーの中でFの個性が
より光を放つようになっていった。

Fは#51において、デイケアメンバーから影響を受け、考える契機になっ
ていること、他のメンバーたちがそれなりにやっていることを見て、自分も
同じだと思えるようになっていることを語っている。デイケア内でのメン
バーの発言を聴き、内省することによって、自らの考えを柔軟に変化させて
いっており、これは集団での心理臨床ならではの治療的効果だと言えよう。
また#64では、話を独占しがちなJへの対応として、CPが冗談めかしてFに
対する感情を発露させるよう促している。やや操作的なかかわりではあるも
のの、Fもその意図をくみ取るであろうというCP自身の信頼感もあっての
言葉かけであった。興味深いのは、数回後にはFの考え込む姿をJが支持す
る場面がみられ（#68）、また#84では、Jの参加を気にかけたりもしており、
時にはいらだちを感じながら、また時には相互にサポートし合いながら時間
を共有しており、基盤としてデイケアのメンバー同士のつながりを体験して
いるものと考えられた。

また、自分より年長のメンバーの存在が、先への安心感となってFを支え
ており、価値のあるピアサポートを得ているように思われた。また、今まで
は助言を受けることの方が多かった年長のGに対して、Fの方が助言したり
（#111）、冗談を言ってGの不満を和らげたり（#112）と、年の差を感じさせず、

第7章　事例2：老いへの不安と神経症性不眠を主訴とする高齢者　　145

デイケアの仲間としてのコミュニケーションが図れているように思われた。このようなメンバー同士の相互交流は、先にも述べたように、スタッフが意図して形成できるものではない。老年期を共に生きるメンバーがいるのがデイケアの強みだと考えられた。

第8章

総合考察

第1節　こころの動きとしての「わたし」

　第1章で言及したように、本研究では矛盾を含む多義的で曖昧な高齢者の
こころのありようを「わたし」と仮定した。そして、その「わたし」全体に心
理臨床家が着目し、「わたし」らしいありようを尊重しながら臨床実践を行
うことを試みた。その実践について、第3章から第5章にかけてデイケア場
面での臨床の実際や、第6章、第7章の2例の事例研究として提示し、考察
を加えてきた。山中（1991）が、老人一人ひとりが耳を傾ける価値のある内
界を持っていると述べる通り、高齢者の表現するもの・こと・イメージ、す
なわち高齢者の存在そのものに着目し、そこにコミットし続けることによっ
て、個々のメンバーが一人の「わたし」として尊重されるような臨床を試み
た。

　では、「わたし」とは何だろうか。事例を通じて考えると、「わたし」とは
実体のある何かではなく、「こころの動きのイメージ」だと言えるのではな
いだろうか。例えば事例2において、Fのこころは絶えず揺れ続ける。Fの
言う「老いの受け止め」自体が、完全な到達点ではなく、受け止められたり、
られなかったりを繰り返しながら、自分にとってぴったりくるような「老い
の受け止め」を絶えず模索し続けるプロセスそのものである。Fの眠りに関

する語りがそれを顕著に示している。Fは「若い頃のようにストーンと眠り
たい」が、「それは無理だともわかって」いる。ここで援助者が「睡眠の改善」
のみに着眼し、直線的にそれを目指そうとして関わるならば、Fのこころの
大事な部分を見落とすことになる。若い頃のようにありたいが、そうもいか
ないこともわかっていて、その間でのこころの動き全体がFの「わたし」だ
と考えられる。

　同様の例として事例1では、Eの初回夢にそれが現れ出ている。「出かけ
ようとする」が「出かけられない」、「探そうとする」が「見つからない」とい
う動きがみられる。ここで、Eが出かけられたらよい（動けるようになってゆけ
るとよい）という視点にセラピストが傾いてしまうならば、何かができなく
なってゆくという老いの特性に目を向けないことになる。「わたし」への着
眼とは、老いによって生じたこころの揺れ動き全体にコミットし、逃さずに
捉え続けるということになる。

　第5章の臨床素材の中で、身体機能が弱まったBが外出が困難になってゆ
くことによって生じる苦痛は、もともと外交的で行動派であった過去の姿と
不可分である。Bが体験しているのは、ただ外に出られず面白くないという
ことではなく、過去から引き続く「わたし」らしいありようが打ち消されて
しまう痛みであり、歴史性を伴ったこころの動きだと考えられる。

　老いを生きるということは、ただ「元気になる」「若々しくなる」といった
単純なことが目指されるのではない。そのようなリニアな視点は、老いの本
質を捉え切っていない。相矛盾する「動き」が必ずその中に含まれていて、
それこそが老年期の「わたし」全体のこころのありようだと考えられる。そ
こで生じている「動き」は極めて多様であり、個人によって異なるが、ここ
ろの動きのイメージをもって老いた存在に向き合えるかどうかが重要だとい
うことが事例を通じて指摘できるだろう。実際の関わりの中での影響につい
ては、次節において述べてゆく。

第2節　心理臨床家の高齢者に対する態度の変化

　揺れ動く「わたし」に着眼した関わりが心理臨床家にどのような変化をもたらすのだろうか。前述した事例2の「老いの受け止め」で考えてみよう。その動きを感じ取った心理臨床家であれば、安易に「眠れるようになるとよいですね」とか、「出来る限り若々しくありたいですよね」といった一方向に言葉をかけたり、単極的な援助の方向性を見出すことはなくなるだろう。なぜなら、若々しくいられなくなることもまた、老いの重要な特性だからである。このような場面で援助者はどうあるか？　筆者の場合は、目の前の高齢者のこころの動きを前に、ただそれを「聴く」ことに専心することが多い。それはすなわち、動き全体を受け止めるということでもある。動きをイメージしながら高齢者の言葉を聴き続けることで、今までと違う何かが生まれたときにパッと反応することができる。例えば第4章の臨床素材で、従順だったAがメンバーに反論する場面が出てくる。第4章の考察において「何かに開かれるというこころの動きに着目」と既述したが、従順で同調しがちなこころの動きに目を向けておくことによって、新たな瞬間に気づくことができる。今までに自己主張をしなかったAがそれを行った背景にある「挑戦」「勇気」といった心性に目が向き、それが「すごいなあ」という筆者の素朴な感動につながる。

　高齢者に対する心理臨床においては、臨床家の基本的態度として、年長者に対する敬いや節度をもつことへの指摘がある（例えば竹中，1999；2001）．また進藤・山中は、援助者が高齢者の尊厳（ディグニティ）を認めて、教わる態度で高齢者に接することの重要性を指摘している（山中,1991）。

　筆者は本実践を通じて、その人が年長者であることだけを理由に敬意を払ったり、何かを教わろうとして高齢者に接していたわけではないように思う。もちろん、専門職としてクライエント（デイケアメンバー）に会うにあたって、その関係性の下で必要な節度をもった態度で臨んでいることは言うまでもない。しかしそれだけではなく、高齢者のこころの動きに着目しながら語

りを聴き、その生き方に触れ、苦難の訴えを耳にし、共に笑うことの一瞬一瞬の積み重ねの中に、人としての魅力や凄みを感じ、敬意を抱くように「なっていく」。また同じように、高齢者その人にとってはありふれた日常的な過去の出来事だったとしても、筆者の知らない体験や知識に触れるとき、自然と筆者の中に興味がわき、それについてぜひ知りたいと思うことで、「教えてもらう」という姿勢に「なっていく」のである[*3]。

　よって、筆者にとって敬意や教えてもらおうとする姿勢は、必ずしも相手の過去の立派な経歴や偉業の語りから感じられるとは限らない。例えば事例1の#81で、困っているメンバーにEがさりげなく折り紙を渡すのを見て、Eの優しさを知り、相手が得意な折り紙を選んで渡しているところにEの豊かさを感じ、Eに対する敬意が自然に沸き起こってくる。あるいは第4章の数独の項で挙げた例のように、粘り強く数え上げてマス目を埋めていくメンバーの姿に、おそらくこのような地道で誠実なありかたで人生の様々な場面を生き抜いてきたのだろうと想像すると、とくに教えを乞うているわけではないが、人が生きるにあたっての大事なことを学んでいるのだと実感する。臨床素材3において、デイケアに参加し始めたCが、「痛い」「独りぼっち」「情けない」などと立て続けに訴えかけてきた。普通に考えれば、どうしてよいか戸惑ったり、ネガティブな訴えを回避したりしたくなるところだが、そこまでして筆者に現状を率直にぶつけ、正面から関わろうとしてくるCの姿を感じ取り、「続けてお会いしたいと思う」と筆者は伝えた。その迫力に圧倒され、「すごいな！」と素朴に思うのだ。

　いずれの場面においても、筆者は相手が年長者であることを理由に敬意を払い、教えを乞おうとするのでは決してなく、高齢者一人ひとりの「わたし」に着眼し、それを尊重するという視座があってその場にいたからこそ、敬意が湧き、何かを学び取ろうとする態度になったのだと思われる。「わたし」の動きへの着目がなければ、何も感じずにその場面が流れ去っていったかもしれない。もちろん、数多あるデイケアメンバーの大切な発言や行動の中で、その全てに目を向け、関わってゆけたわけではもちろんなく、筆者がキャッ

チできずに流れていったこともたくさんあるだろう。しかし、ただ漠然と高齢者と時間を共にするのではなく、高齢者にコミットするにあたっての心理臨床家の軸として、「わたし」に目を向けることがとても有効なのではないかと考える。

　また、これらのタイミングのほとんどで、筆者は何か言葉をかけたわけではなかったし、ただその場にいて、語りを聴き、行動を見ているだけだった（もちろん、無意識的のうちに表情や態度に何らかの感慨が表出されていたかもしれない）。しかし重要なのは表面に現れる動きではなく、先に述べたようなそのような体験を通じて心理臨床家のこころの中に湧く「オーッ!」「すごいなあ」「なるほどー」（言葉にするとこのような表現にしかならないのだが）というような感慨である。それに伴って、当人に対する見立てだけでなく、筆者がその相手に接する態度や言葉かけは自ずと変化するであろうし、それを受けた相手のそれにも変化が生じるであろう。すなわち、「わたし」に着眼することによって、心理臨床家と高齢者との間の関係性に変化をもたらす可能性が生まれるのである。

第3節　発見的 (heuristic) なアプローチ——多義的で矛盾を含んだ老いを生きるために

　前項のような高齢者—心理臨床家の関係性を基軸とし、そこで営まれる高齢者に対する心理的援助について検討したい。以下は河合 (1992) が述べる心理療法の定義であり、本研究で仮説とされた「わたし」に着目する高齢者の心理的援助において非常に重要な示唆を含むと考えられる。

　　心理療法とは、悩みや問題の解決のために来談した人に対して、専門的な訓練を受けた者が、主として心理的な接近法によって、可能な限り来談者の全存在に対する配慮を持ちつつ、来談者が人生の過程を発見的に歩むのを援助すること、である (p.3)。

河合が言う「可能な限り来談者の全存在に対する配慮をもちつつ」という姿勢は、本研究で「わたし」全体に着眼する心理臨床家のありかたと同義だと考えられる。ここで「可能な限り」と限定されているが、高齢者本人の生き方をできるだけ全体的にみてゆこうとする際にも、完全な「全存在への配慮」は当然のことながら不可能であり、心理臨床家が常に試行錯誤を続けなくてはならないということだと考えられる。「わたし」への着眼は、状況が刻一刻と変化している中で、高齢者に対してコミットし続ける心理臨床家の視座を示している。

　また、「来談者が人生の過程を発見的に歩む」と述べられているが、ここで言う発見的 (heuristic) というありかたが重要である。第1章で述べた通り、筆者はいわゆる症状除去や問題解決というアプローチをとらず、多義的で葛藤を含む高齢者のありよう全体を「わたし」とみなし、そこに着目した臨床実践を行った。それは、単一の治療目標やゴールを設定するのではなく、高齢者一人ひとりが発見的に歩むことを支援するアプローチである。青年期、成人期の心理臨床であれば、進学、就職、結婚、育児等々の具体的な現実がプロセスの一里塚となってセラピーが展開していくことが多いだろう。しかし高齢者は、一人ひとりが経てきたそのような社会的役割や歴史が極めて多様であり、その人自身がいかに老い、死に向かってゆくにあたっての信念や価値観も個別的なものであり、また絶対的に正しい方向性がないという老年期のライフサイクル上の特性を考えると、既存のよくある人生プロセスや、あるいは誰かの成功例を同じようにたどるのではなく、heuristicな視点をもって、発見的に新たな道行きに開かれることがとても重要である。よってこの視点は、上述したような矛盾や、一つに決められないこころの揺れ動きの中で、試行錯誤したり、遠回りをしたり、迷いや不安を抱きながらも、自分らしく歩むという点で、高齢者の心理臨床に沿うアプローチだと言えるだろう。

第4節　高齢者の心理臨床のありかた──Circumambulation

これまで述べてきた高齢者の「わたし」に着眼した心理臨床のありかたを説明する鍵概念として、circumambulation という語を提示したい[*4]。原語はラテン語のcircumambulatioであり、cirucumは「周囲の」「周辺の」、ambulateは「歩き回る、あちこち移動する」という意味を持つ語である。cirucumambulation の訳語として、①巡回する、巡行する、歩いて回る、巡礼する、②あてどなくさまよう、③遠回しに言う、遠回しに探る、などがあてられている。山中 (2018) はこの語について、「『なぜ』という問いを発さずに、彼 (クライエント) らが問題として頻繁に述べているところの周りを、それと確定しないで、いろいろ、周りをグルグル回って聞いていく技法」だと説明している。

円 (circle) の中心は、「わたし」としての高齢のクライエントであり、心理臨床家はそこに専心してついてゆきながらぐるぐると回っていく。プロセスの変転とともに、その中心点がクライエントの発する語りや、夢やコラージュといったイメージ表現になる瞬間も出てくるであろう。それでも、その中心点に向けてセラピストが目を向け続けることによって、その行き先は必ずしもわからないにしても、円の中心に専心した関わりは続いてゆく。ここで「行き先がわからない」というのは、見立てもなく場当たり的に関与していくこととは全く異なる。前項で述べたheuristicな視点をもって、多様な老いのありように率直に向き合い、正面からかかわり続けることで、中心にある高齢者に新しい洞察が発見的に生じたり、山中が述べる「いつの間にかほどけていく」ことを援助しようという視座なのである。

ギーゲリッヒ (Giegerich, 2015) は、ユング (Jung, 1976) の「夢をcircumambulatingする」という言説に対して詳細な分析を加えている。ギーゲリッヒは、circumambulateすることは自らの深い感情を伴った全人的な態度であり、心理学者自身の連続的な動きによる活き活きとした行為であること、夢と関わる間は、全ての心理学者の注意と専心は円の中心にある夢に向けられるの

だと指摘している。ここで述べられている「夢」を、老いた「わたし」という総体（高齢者の語り、夢、コラージュ、行動、態度の一つひとつ……の動きあるまとまり）として捉えることはできないだろうか。先に述べたような「わたし」という中心点に向けて専心した心理臨床家がcircumambulateすることとは、すなわち、深いコミットメントをもって高齢者に同行することだと考えられる。

　ユング（Jung, 1963/1989）は自伝の中で、「心の発達の目標は自己（self）であることを私は理解し始めた。直線的な発達というものはなく、あるのは、自己の周りをぐるぐると回ること（circumambulation）だけである。一様な発達は存在するが、それはたかだか人生の最初の頃だけであり、晩年になると全てのことは中心に向けられる（pp.196-197 筆者訳）」と述べている。人生の前半は、学業を修め、職に就き、家庭を持ち、子どもを育てるといったように目的に向かって一直線に進み、頂点を目指して歩むことが課題となる。一方で人生後半の、頂点から下る道のりでは、全てのことが中心（self）に向けられ、そこを中心としながらぐるぐると回るという指摘である。これも、上述の山中（2018）やギーゲリッヒ（Giegerich, 2015）の主張と同じく、中心にある「わたし」の周りをまわるという観点だと考えられる。つまり老年期においては、直線的に何らかの目標を目指して進むのではなく、ああでもない、こうでもないと迷い悩む高齢者の周りをぐるぐると歩き回りながら（circumambulation）、高齢者当人にとってより良いあり方を発見的（heuristic）に模索していく道のりを共にすることが、高齢者の心理臨床における重要な方向性だと考えられる。そのプロセスの中で、心理臨床家だけでなく、高齢者自身もこころを動かし、思索や内省を深める契機を提供することができるものと考えられる。

　事例1では、一人暮らしでしっかりと生活を営めているクライエントが抱える「もし何かあった時にどうなるのか？」「わたしがわたしでいられなくなった時はどうなるのか？」といった不安が前提にあり、80歳を過ぎたEには、こころの中に常に死が存在しているのではないかと想像された。クライエントにとっての老いと死は、ああでもないこうでもないと迷いを伴うものであり、そもそもの神経症的なパーソナリティもあって、その悩みは繰り返

される。Eが語る葬儀の話や臓器移植、遺言といった話題に至るまで、筆者はクライエントにとって必須の「死の語り」だと思いながら耳を傾けてきた。死そのものは避けることはできないが、そのことについて考え、迷い、不安であり続ける中をともにcircumambulateし、心理的に支援していくことが試みられた。それによってEの人生観は深まりを見せ、終結時には「やっぱり頼れるのは自分なんだ」という発言で「わたし」の核となるようなものを実感していたように思われる。

　同様に神経症的な性格傾向を持つ事例2においても、「老いをどう受け止めるか」ということが課題となっていた。メンバーたちの言葉を受けて考えを深めながら、「その時々で対処していけばいい」という自分なりの老いへの向き合い方を見つけている。睡眠についても、気にならないと言ってみたり、やはり気にしてみたりと矛盾を抱えて揺れている。老年期の心理的援助という観点からいえば、必ずしも「気にならなくなる」といった直線的な変化が目標になるのではなく、円環の中を緩やかに生き続けることを支援したことが重要であった。

　両例に通底するのは、「不安の減少」「睡眠の改善」といった単極的な目標のために何ができるか、ということを考えた実践ではなく、また結果として不安そのものがなくなったり、睡眠障害が完全に消失しているわけではない。筆者による心理的援助の中核は、老いゆくクライエントが迷い、悩み、戸惑うありように心理臨床家がコミットしながら、高齢者本人がこころを動かし、「わたし」に対する思索を深めていることにある。その惑いには必ずしも所与の正解があるわけではなく、試行錯誤を伴いながらの探索的な、heuristicな歩みとなる。それこそが、中心にある「わたし」に目を向けてcircumambulateし続けるプロセスなのだと考えられる。

　また、第4章で示したように、プログラムの実施にあたっても、「できる」「完成させる」「作業を遂行する」といったような、成果を得ることを目標とせず、プログラムに取り組むプロセスの中で、できること—できないこと、易しいこと—難しいこと、得意なこと—苦手なこと、完成—未完成、納得—

不服といった、高齢者のこころに生じる揺れ動きをごまかすことなく率直に体験するというアプローチも、同様に対称的なこころ全体に目を向けてcircumambulateするプロセスだと考えられよう。その道行きに同伴していく中で、意欲がわいたり、あきらめが生じたりといったこころの動きが生じてくるが、同様にそれは初めからどのような結果に至るかはわからないheuristicな道行きである。

　こういった視点は、一見すると目的や方向性を持たないアプローチのように見えるかもしれない。しかしそれは、先に述べたような見立てなしのその場しのぎな対応では決してない。矛盾、多義性、揺れ動きを抱えた老年期の「わたし」の心理的特性を鑑みればこそ、逆説的に、その動き全体にコミットし、高齢者に最も近く寄り添い、その存在に同行するアプローチなのだと言えるのではないだろうか。高齢者の進む先は若年者が簡単に規定できるものではない。だからこそ、高齢者と共に発見的なときをぶらぶらと過ごすことが老人臨床の本質であり、高齢者に携わる心理臨床家には、このような視座を持って老人に関わることが求められると考えられる。

第5節　本アプローチで生じる高齢者のこころの変化

1. 主体性の現れ

　河合（2013）は心理療法について「クライエントが主体的に問題を解決するために、場や拠り所を提供すること」だと定義している。筆者は、たとえそれが高齢者であったとしても基本は変わらず、高齢者が主体的に生きることをどれだけ尊重できるかが重要だと考える。そのためには、高齢者個人の「わたし」の動きに目を向けておく必要があることを、本研究の実践から示してゆく。

　第3章に示したように、各メンバーは主治医に紹介されてデイケアに参加

するが、まずは参加するかどうかが第一の主体的な判断の発露となる。事例1のように、主治医の紹介のあと、デイケア参加までに数か月を要するケースもあるが、本人が主体的な決断を下すまでに時間が必要なのである。また、主治医や筆者を含めたスタッフは、デイケアの紹介をし、参加を促すことはあっても、強制はしない。そして、参加を「試す」ことや、合わなければ「辞める」自由も保証されている。その中で、主体的な決断によって参加が決まるのだといえよう。

筆者は、第4章のプログラムに対する考え方において、自分から決めること、止めること、選ぶことの自由を発現できるような治療環境を提供することを主眼に置いていたと述べた。そして、プログラムを否定することを通じて、主体的な新しいこころの動きが生じる可能性があることについて考察した。

第5章の臨床素材1では、Aは自信がなさそうながらも今まで取り組んだことのないプログラムにトライする。臨床素材2では、迷いながらも最終的には家族との同居ではなく施設への入所を選ぶ。それがどう転ぶかは予見できないのだが、少なくともそちらに賭けてみようという主体的な動きによってデイケアを終えることとなった。臨床素材4でDは、たどたどしいながらも言葉を発するようになっていく。事例2でFは、メンバーの話を聴き「皆さんいろんなことが起きてもそれなりにやっている。自分も同じじゃないか」と老いに対する考えを新たにしてゆく。そのプロセスにおいて、Fは恐らくメンバーの言葉を受け止め、主体的に吟味するという作業をしていたはずである。このように、高齢者が主体性を発現させていく中で、自分らしい思考をめぐらせ、新しい思慮や行動を選びとることが可能であったことが指摘できるだろう。

2. 表現の質の変化

臨床素材3のように、身体への愁訴や、周囲への不満を語り続ける場合、

一般的な人間関係であれば、嫌がられてしまったり関係が切れてしまうことがあるだろう。しかし、「わたし」がそう語らずにはいられない心境に思いを馳せながら耳を傾けることによって、また今の「わたし」が語らしめる真摯な訴えかけに対して心理臨床家が逃げずにその場にとどまって、その声を聴くことによって、「デイケアの場においては、他所では話せないようなことを安心して訴え続けてよいのだ」という実感を持ってもらえたのではないかと思われる。継続して参加してゆくにつれて、痛みの訴え自体は変わらずにあるのだが、「私も年を取った」という実感のこもった語りが出現する。また臨床素材4において、Dは緊張のあまりメンバーとの会話について行けていないが、会話の量やテンポ、流暢さに着目するのではなく、Dにとって最も居心地がよくなるための援助──スタッフが粘り強く話を聴き、Dの言いたいことをスタッフが想像して補いながら会う──を行うことによって、少しずつ自分の考えを言葉にするようになってゆく。ただ昔の体験を語るだけでなく、情緒のこもった語りや内省が現れてくる。

　いずれの例においても、新たに出現したフェイズの違う表現に気づくためには、高齢者当人の「わたし」に専心した関わりが必要だと考えられる。

3. 新たな「わたし」の発見

　篠田（2004）は、高齢者は私の人生の終わりと対話しており、心理臨床家ができることはただひたすら聴くことだと言う。さらに「そのような聞き手が現実に立ち現れる時、初めて高齢期の心の時間は開かれると同時に、その中に生きている高齢者の人生が現実の時間の中で鮮やかに蘇る。高齢期にある人々が『私』の人生に還って行く立会人、それが高齢期にある人々への心理臨床家の役割ではないだろうか」と述べている。精神科医の松下（2011）も同様に、「患者が何を訴えようとしているのか、何を伝えようとしているのか、それを発せられた言葉のみならず、表情、姿態、態度、身体などを通して、聴く必要がある（pp.22-23）」とし、そのような患者の声や心を聴く姿勢は、

高齢者診療の基本だと指摘している。

臨床素材1では、気遣いが多く従順なパーソナリティだったAが、相手に反論するといったことが出現した。事例2においても、不眠や老いの不安に揺れるクライエントの語りを聴き、その揺れを「わたし」らしいあり方として受け止め続けることによって、デイケアが安心して毎週通い続けることのできる場所として定位され、70代になって「もっと羽ばたきたい。知らない世界を覗いてみたい」と思わせるに至っている。

このように「わたし」を尊重した関わりを継続していくことによって、老年期においても、いままでとは違う、思いもよらなかった「わたし」が生成されるものと考えられる。

第6節　デイケアという構造が高齢者に果たす役割

筆者のこれまでの心理臨床家としてのトレーニングは個人心理療法を中核としており、集団に対する臨床経験は、初期認知症高齢者のグループワークに関わったことくらいで、確固とした訓練・臨床の基礎があるわけではなかった。よって、デイケアでの心理臨床を実践するにあたっては、試行錯誤をしながら、自分なりのアプローチで集団に関わっていった。

本書の事例が筆者と特定メンバーとのやり取りを中心に記述されている通り、筆者の第一の視点は複数名の「集団」ではなく、「筆者とメンバーA」「筆者とメンバーB」……といった、目の前にいるメンバー個々人との二者関係が基軸であった。メンバー個人との関係性を土台としながら、複数のメンバーがデイケアに参加する中で、同時並行で筆者と他の複数のメンバーとの関係が生じる。さらにはメンバー相互の関係、各メンバーと筆者以外のスタッフとの関係、筆者とスタッフとの関係、それら全てを含んだデイケアという場全体の力動が自然発生してくるのである。

小谷 (2014) は、彼の集団精神療法に対して土居健郎氏から受けた「集団精

神療法と言っても、突き詰めれば個人療法だね (p.68)」というコメントや、吉松和哉氏からの「集団精神療法は、個人心理療法を含むことでしょう (p.314)」という私信について挙げながら、「集団精神療法の集団空間の中で、個人精神力動空間が個々の自己の領域空間を持って展開している (p.68)」という集団精神療法の特質について述べている。この論を援用すれば、本実践においては「集団空間の中で生じている個人力動」が筆者の軸であったと考えられる。仮に、筆者もデイケアの中に「その人らしく」いることを認められる一員としてみなしたなら、「集団よりも個を軸としてメンバーと関わる特性を持つスタッフ」としてその場に居させてもらったと言えるだろう。本節では、そのような筆者から見た「集団」の特質について言及したい。

　デイケアという場は、緩やかな構造、毎日利用できる設定、長時間過ごせる居場所、「プログラム」という中間項が生み出す距離感、集団の中の一人でいられるという距離感といった構造上の特徴を持つ。これらはいずれも、参加しながら自分のペースを保つことができるために機能する。複数のメンバーがいる中、6時間という比較的長時間をメンバーと共にするという構造の下では、心理臨床家が見立てを持ち、各メンバーの心理的課題が見えていないと、メンバーの語りだけがどんどん流れて行ってしまったり、対話が日常的なおしゃべりに過ぎず、心理的援助の意味をなさなくなってしまう難しさがある。その点からも、構造のない中でメンバーに資する営みをすることを考えたとき、筆者には「『わたし』に着目する」という視座が必要であった。

　また、プログラムに参加することによって、「熱心に作業する」「黙々と手を動かす」「完成させる」「楽しむ」「共有する」といったことが生じ、結果として活動性の賦活や興味関心の拡がりが見られる。老年期においては、人によっては日常の生活だけではなかなか体験しにくい側面であり、個人心理療法では同じように生じ得ないデイケアならではの特質だと言えるだろう。

　同時に仲間の存在も大きい。デイケアでは、老年期になって新たな知り合い、定期的に会える関係が創出されるだけでなく、悩みを持った者同士が支え合うことができ、一方で老いや死に関する痛みや苦しみを、メンバー同士

が共有し、サポートし合うというピアサポートも生じていた。これは個人心理臨床にない点である。高林（2005）は、「（デイケアにおける）人と人との間で起こる情緒的な交流は、人が集まらなければ得ることのできない体験である。この貴重な体験を求めて利用者はデイケアに来る。つまり、人と人との関係性が持てるということがデイケアの大きな魅力なのである」と述べている。特に、事例1、2に顕著に表れるように、生と死といった問題は、高齢者同士によってのみ共有できる部分も大きく、ピアサポートが生じるような設え自体に意味があると思われる。事例2では、同じメンバーでありながらも人生の先輩に対して声をかけ、老いを生きることについて問うている。また、事例1、2ともに、他のメンバーの発言から「わたし」を見直したり、老いをこころの中に収めようと試みたりしている。

　デイケアという枠組みの中では、医師、看護師という多職種との協働が行われていた。主治医が関わってくれていることにより、投薬や診断、メンバー本人や家族への状態説明など、管理業務の一切を委ねることができ、それによって心理臨床家は、高齢者の表現する「わたし」に専心して関わることができたといえるだろう。看護師とプログラムを共にすることで、身体面のケアや相談を看護師に委ねることができた。また、個性をもった看護師の趣味や特技をプログラムに活かすことはたびたびあった。特にペーパークラフトなどの工作や、手芸などは、女性である看護師にリードしてもらえる安心感があった。そのような中で心理臨床家にできることは、他職種のスタッフに心理職なりのメンバーとの関わり方を見せること、およびクライエントに対する心理的な見立ての提供が大きいと思われる。例えば臨床素材3のように愁訴の訴えをどう聴き、どう関わるかを、実際に態度をもって示すことができる。心理的な見立てに基づいたメンバー個々の物語を提供することで、関与の方向性を示したり、ゆとりを持ってメンバーに関わってもらうサポートができたものと考えられる。

第7節　本研究の限界と今後の課題

　本論で扱われた臨床素材の場は精神科デイケアであり、筆者は主としてそこでの「高齢者に対する筆者の視点と関わり」について取り上げ、考察してきた。以下に本研究の限界と、今後の研究・実践の可能性について記しておきたい。

　本論はデイケアという集団の場での高齢者との関わりでありながら、考察が主として心理臨床家（筆者）の視点のみからなされており、これは本研究の特質とも言えるが、同時に限界でもある。当然のことながらデイケアは、筆者とあるメンバーの二者関係で成立する場ではなく、それを取り囲むメンバー、看護師や医師という他の専門職が存在し、全てが複合的に関与しながら営まれている。本論の考察は、そのような「ソト」からの視点ではなく、あくまでも筆者の主観的な視座から高齢者のこころの動きについて考察している。

　デイケア全体の体験を臨床素材として改めて考えるとするならば、他の可能性も考え得る。一つは、精神科デイケアという「場」に着眼することである。デイケアにおけるメンバー同士の相互関係、「グループ」や「グループの中にいる高齢者」についての検討は本論ではほとんどなされていない。考察においてピアサポートについて若干触れてはいるものの、集団力動を捉え切っているとは言い難い。本章考察でも指摘したが、筆者の臨床実践及び本研究そのものが個人心理療法の視点、すなわち筆者と目の前のメンバーの関係を軸に営まれていることは否定できず、逆に集団からの視点、集団の持つ豊かさについては検討しきれておらず、今後の課題と言えるだろう。

　第二には、昨今の臨床心理学、特に高齢者の心理臨床において重視される「多職種連携」という観点（例えば黒川，2008; 松田，2015）からの検討が少ない点である。デイケアそのものは常に看護師と共に営まれ、担当していた看護師も複数おり、当然のことながらメンバーおよびデイケア全体に影響を及ぼしている。看護師や医師の専門性、個性、臨床観の異同といったスタッフに

関する考察の余地は大いに残されている。

　また、本論で示した視点は認知機能障害のない高齢者に対する臨床実践を基盤としたものであるが、「わたし」への着目という本研究のオリジナリティが認知症の高齢者に対して資するものであるかを実践に基づいて考究していく必要があるだろう。記憶障害、ADLの低下、BPSD、支援する介護者への支援など、認知症高齢者への心理的援助は今後さらにニーズを増すことは間違いない。そのような多岐にわたる問題の中で、高齢者その人の全体性に着眼しながら、circumambulateする姿勢で心理的援助を行うことが、認知症ケアのどのような側面に貢献できるのかは今後の検討課題だと考えている。

第8節　結語

　本論では、精神科デイケアにおける高齢者の心理的援助の実践を基軸として、高齢者の心理臨床について考察した。高齢者のこころが、多義的で矛盾を含むものだと考え、そのようなこころ全体を見据えた心理的援助の必要性を考えた。哲学的には定義しがたい高齢者のこころのありようを「わたし」と定義し、心理臨床家がわたし全体に着目し、高齢者本人がわたしらしくあることを意図して臨床的な関与を行った。その内容について臨床素材と事例を用いて詳述し、考察を加えた。

　臨床実践の結果、まずは高齢者に対する心理臨床家の視座が変化し、高齢者との関係性に広がりがもたらされた。心理臨床家が当該の高齢者の「わたし」に着眼した関与を行うことで、高齢者自身がこころを動かし、結果として、高齢者が思索や内省を深め、主体性を発現し、表現の質が変化するといった契機を提供することができるものと考えられた。その経過は、単一の目標に向けてリニアに進むものではなく、高齢者の揺れ動くこころを中心に据え、心理臨床家が共に迷い悩みながらぐるぐると歩き回るかのように考え抜くものであり、そのプロセスの特徴はcircumambulationだとみなすこと

ができるのではないかと考察された。

　付言すれば、本書で論じてきたことは、高齢者に関わる際の技法や対応上のマニュアルではない。高齢者を前にした時の筆者の視座と、実際のこころの動きについて述べてきた。前述したcircumambulationに関する論の中でギーゲリッヒ（Giegerich, 2015）は、ユング（Jung, 1976）がその語に込めている意図を再検討し、ユングはぐるぐる回る方法（method of circumambulation）を用いると述べているのではなく、ユングがぐるぐる回っているのだ（He circumambulates!）と「動き」を強調している。すなわち、ユングが方法論ではなく、こころを動かす営みそのものについて述べているのだという指摘だと考えられ、とても重要なことだと筆者には思える。

　本書を通じて、高齢者そのひとのこころの動き全体（「わたし」）に目を向けながら、心理臨床家が考え、いろいろと想像を巡らせ、試行錯誤しながらかかわり続けるという筆者の臨床実践を示してきた。高齢者の語りを聴き、表現するものを味わい、喜怒哀楽を共にし、別れや死をめぐる思いを受け止め、また諸事が容易に展開せずにぐるぐると回り道をせざるを得ず、当人にはいかんともしがたい現実を生きなくてはいけない哀しみに向き合うことなどを含めて、それらすべてが高齢者の「わたし」に専心することから生じる体験であり、高齢者心理臨床の妙味だと考えている。

註

* 1　遠野物語に出てくる「蓮台野」が転訛し、「デンデラ野」になったたのだと伝えられている。

* 2　同様のテーマの作品として、事例1でEが持参した村田喜代子（1998）による小説「蕨野行」が挙げられる。この書の中では、60歳を越えると「蕨野」へ捨てられるという掟がある中で、「蕨野」に集った老人たちが繰り広げる生活の様子が描かれている。蕨野に棄てられた姑と、里にいる嫁との間の対話に老いの真実味を感じる作品である。

* 3　筆者がここで主張していることは、山中（1991）の中で山中康裕や進藤貴子が言う「高齢者の尊厳（ディグニティ）を認めた関わり」に他ならない。山中は「その人が生きてある『尊厳』としか言いようのない言葉なのだけれど、人と人との関係性の層の中で見えてくるものなのです。結局、向こうの中にあるものだけれども、こちらに伝わるものでもあるわけです」と述べている。

* 4　この circumambulation という概念は、山中康裕との対話の中で、筆者が本論を考察するにあたり「高齢者心理臨床の本質は、老いていろいろな問題を抱える中、不安を感じ迷いや悩みを抱えつつ歩んでゆく高齢者とともにいることなのではないか」と伝えたところ、それに見合った概念として山中より提示されたものである。山中によると、そもそもはカルフ（Kalff, D. M.）（1966/1999）が、少年の箱庭を解釈する文脈で「circumambulatio」を用いており、そこでは「中心をめぐる巡行」と訳された。山中より「失敗したり、悩んだり、迷いながら歩むことこそが老人の生き方そのものであり、そこに同行するのが老人臨床であり、決め手を探すのではなくクライエントとぐるぐる歩むこと自体が心理療法の核心である」との意見を得て、本論における筆者の意図するところに合致することから考察に援用している。なお、「巡行」では日本語としてなじみにくいように思われ、本書においては circumambulation を訳さずにそのまま用いた。

引用文献

秋山弘子（2008）．超高齢社会におけるサクセスフル・エイジング　綜合臨牀, 57（10），2419-2420．

Amery, J. (1968). *Uber das altern: Revolte und resignation*. Ernst Klett Verlag. （竹内豊治（訳）（1977）．老化論　法政大学出版社）

青木智子（2008）．認知症患者へのコラージュ療法・回想法の試み――事例からアセスメントの可能性を考える　日本芸術療法学会誌, 39（2），15-27．

Arden, M. (2002). Psychodynamic therapy. In Hepple, J., Pearce, J. & Wilkinson, P. (Eds.) *Psychological Therapies with Older People: Developing Treatments for Effective Practice*. Brunner-Routledge, pp.21-44.

Ayers, C. R., Sorrell, J. T., Thorp, S. R. & Wetherell, J. L. (2007). Evidence-based psychological treatments for late-life anxiety. *Psychology and Aging*, 22(1), 8-17.

Barrowclough, C., King, P., Colville, J., Russell, E., Burns, A. & Tarrier, N. (2001). A randomized trial of the effectiveness of cognitive-behavioral therapy and supportive counseling for anxiety symptoms in older adults. *Journal of Consulting and Clinical Psychology*, 69(5), 756-762.

Cohler, B. J. (1998). Psychoanalysis and the Life Course: Development and Intervention. In Nordhus, I. H., Vandenbos, G. R., Berg, S. & Fromholt, P. (Eds.) *Clinical Geropsychology*. American Psychological Association. pp. 61-78.

Floyd, M., Scogin, F. (1998). Cognitive-behavior therapy for older adults: How does it work? *Psychotherapy: Theory, Research, Practice, Training*, 35(4), 459-463.

Freud, S. (1905/2001). On Psychotherapy. In *The Standard Edition of the Complete Psychological Works of Sigmund Freud*, London: Vintage Books, vol.7, pp. 257-268.

藤山直樹（2006）．事例研究をめぐって　河合俊雄・岩宮恵子（編）新・臨床心理学入門　日本評論社　pp. 97-102．

深沢七郎（1964）．楢山節考　新潮社

Giegerich, W., Miller, D, L. & Mogenson, G. （2005）. *Dialectics & Analytical Psychology*. New Orleans: Spring Journal Inc.

Giegerich, W. (2015). Two Jungs. Apropos a paper by Mark Saban. *Journal of Analytical Psychology*, 60, 303-315.

Guggenbühl-Craig, A. (1986). *Die närrischen Alten: Betrachtungen über moderne Mythen*. Schweizer Spiegel Verlag: Raben-Reihe. （山中康裕（監訳）（2007）．老愚者考　現代の神

話についての考察　新曜社）

Haight, B. & Gibson, F.（2005）. *Burnside's Working with Older Adults: Group Process and Techniques.* Jones and Bartlett Publishers.

浜田晋（2001）. 老いを生きる意味　岩波書店

原千恵子（2006）. ナラティヴ・アプローチによる認知症高齢者のコラージュ　臨床描画研究, 21, 133-150.

長谷川和夫（2008a）. 老年期について　臨床精神医学, 37 (5), 475-478.

長谷川和夫（2008b）. 老年観の変遷について　老年精神医学雑誌, 19 (10), 1125-1131.

肥田裕久（2015）. 精神科デイケアでの高齢精神障害者支援　精神障害とリハビリテーション, 19 (2), 157-162.

Hinrichsen, G. A. (2008). Interpersonal psychotherapy as a treatment for depression in later life. *Professional Psychology: Research and Practice,* 39(3), 306-312.

Hong, C. S., Heathcote, J. & Hibberd, M. J.（2011）. *Group and Individual Work with Older People.* Jessica Kingsley Publishers.

井形昭弘（2009）. サクセスフルエイジングとはなにか　老年精神医学雑誌, 20 (9), 1023-1028.

稲谷ふみ枝・津田彰（2006）. 高齢者デイケアにおける包括的心理的援助──老年期うつ病（回復期）の利用者に対する心理面接の事例　久留米大学心理学研究, 5, 81-90.

石﨑淳一（2000）. アルツハイマー病患者のコラージュ表現──形式・内容分析の結果　心理臨床学研究, 18 (2), 191-196.

石﨑淳一（2001）. コラージュに見る痴呆高齢者の内的世界──中等度アルツハイマー病患者の作品から　心理臨床学研究, 19 (3), 278-289.

Jung, C.G. (1917/1953). The Psychology of the Unconscious. *CW*7. §1-201. London: Routledge & Kegan Paul.

Jung, C.G.（1931/1954）. The Aims of Psychotherapy. *CW*16. §66-113. London: Routledge & Kegan Paul.

Jung, C.G. (1931/1960). The Stages of Life. *CW*8. §749-795. London: Routledge & Kegan Paul.

Jung, C.G. (1934/1970). The State of Psychotherapy Today. *CW*10. §333-370. London: Routledge & Kegan Paul.

Jung. C, G. (1963/1989). *Memories, Dreams, Reflections.* New York: Vintage Books.

Jung. C, G. (1976). *Letters 2: 1951-1961.* London: Routledge & Kegan Paul. pp.293-294.

Kalff, D. M. (1996). *Sandspiel: Seine therapeutische Wirkung auf die Psyche.* München/ Basel: Ernst Reinhardt Vertag. (山中康裕（監訳）（1999）. カルフ箱庭療法〔新版〕　誠信書房）

笠原洋勇（2011）. 高齢者の不安障害　老年精神医学雑誌, 22 (8), 928-934.

河合隼雄 (1989).　生と死の接点　岩波書店

河合隼雄 (1992).　心理療法序説　岩波書店

河合隼雄 (1995).　明恵　夢を生きる　講談社

河合隼雄 (1997).　「老いる」とはどういうことか　講談社

河合隼雄 (2001).　事例研究の意義　臨床心理学, 1 (1), 4-9.

河合俊雄 (2013).　心理療法という場と主体性　河合俊雄（編著）ユング派心理療法　ミネルヴァ書房　pp.3-17.

河合俊雄 (2013).　中間対象としてのイメージ　河合俊雄（編著）ユング派心理療法　ミネルヴァ書房　pp.32-45.

Kitayama, J. (2008).　The Nature of Aging as Described in Traditional Japanese Folktales. National Harbor, Maryland, USA: *Gerontological Society of America 61st Annual Scientific Meeting.*

北山純 (2014).　老年臨床における心理職――精神科デイケアにおける実践　大妻女子大学心理相談センター紀要, 11, 15-30.

Knight, B. G. (1999). Psychodynamic Therapy and Scientific Gerontology In Woods, R. T. (Ed.), *Psychological Problems of Aging: Assessment, Treatment and Care*. John Wiley & Sons. pp. 293-310.

Knight, B. G. (2004). *Psychotherapy with Older Adults* (3rd ed). Thousand Oaks: Sage.

小池和幸 (2000).　高齢者医療・介護におけるセラピューティック・レクリエーションの現状と課題　松下正明（総編集）臨床精神医学講座S5巻　精神医療におけるチームアプローチ　中山書店　pp.458-472.

近藤伸介・髙橋章郎 (2018).　農作業を取り入れたプログラム　精神科臨床サービス, 18, 151-154.

小谷英史 (2014).　集団精神療法の進歩――引きこもりからトップリーダーまで　金剛出版

厚生労働省 (2009).　第18回　今後の精神保健医療福祉のあり方等に関する検討会資料　精神科デイ・ケア等について　1-36.

http://www.mhlw.go.jp/shingi/2009/06/dl/s0604-7b.pdf　（2018年6月20日閲覧）

厚生労働省社会・擁護局障害保健福祉部精神・障害保健課、国立精神・神経研究センター精神保健研究所 (2013).　精神保健福祉資料　平成25年度6月30日調査の概要

https://www.ncnp.go.jp/nimh/seisaku/data/630/　（2018年6月20日閲覧）

久保田美法 (2002).　高齢者臨床で「こぼれる」言葉――その「重奏性」から　臨床心理学, 2 (4), 467-471.

栗原彬 (1986).　「老い」と〈老いる〉のドラマトゥルギー　伊藤光晴・河合隼雄・副田義也・鶴見俊輔・日野原重明（編）老いの人類史　岩波書店　pp.11-48.

黒川由紀子 (2004).　高齢女性の心理的問題　臨床心理学, 4 (6), 814-818.

黒川由紀子・斎藤正彦・松田修（2005）．老年臨床心理学　有斐閣

黒川由紀子（2008）．認知症と回想法　金剛出版

日下菜穂子（2006）．高齢期のうつに対処する──認知行動療法の立場から　曽我昌祺・日下菜穂子（編）高齢者のこころのケア　金剛出版　pp. 71-81.

草壁孝治・斎藤正彦（編）（2002）．高齢者のレクリエーションマニュアル　ワールドプランニング

小山恵子（2003）．老年期における不安　精神科治療学，18（6），645-651.

小山充道（2004）．老人科・リハビリテーション領域　大塚義孝（編）病院臨床心理学　誠信書房　pp.167-232.

Laidlaw, K., Thompson, L. W., Dick-Siskin, L. & Gallagher-Thompson, D. (2003). *Cognitive Behavior Therapy with Older People*. Chichester：John-Wiley & Sons.

Link, A. L. (1997). *Group Work with Elders: 50 Therapeutic Exercises for Reminiscence, Validation, and Remotivation*. Sarasota：Professional Resource Press.

松田修（2015）．実践例からみえる多職種協働の可能性と課題　老年精神医学雑誌，26（5），550-555.

松下正明（2011）．高齢社会と認知症診療　弘文堂

松下正明（2017）．エイジズムから尊厳に満ちた地域社会へ──Butler RN の業績と3A(Ageism, Abuse. Annihilation)現象　老年精神医学雑誌，28（5），447-457.

Miller, M. D., Reynolds, Ⅲ, Charles, F. (2002). Interpersonal Psychotherapy. In Hepple, J., Pearce, J., Wilkinson, P. (Eds.) *Psychological Therapies with Older People: Developing Treatments for Effective Practice*. Hove：Brunner-Routledge. pp.103-127.

Minois, G.（1987）．*Histoire de la vieillesse de l'Antiquité à la Renaissance*. Paris: Fayard.（大野朗子・菅原恵美子（訳）（1996）．老いの歴史──古代からルネサンスまで　筑摩書房）

森谷寛之（2005）．コラージュ療法　精神療法，31（6），32-37.

Morris, R. G., Morris, L. W. (1991) Cognitive and behavioral approaches with the depressed elderly. *International Journal of Geriatric Psychiatry*, 6, 407-413.

村田喜代子（1998）．蕨野行　文藝春秋

中村雄二郎（1992）．臨床の知とは何か　岩波書店

西村優子（2018）．趣味のプログラム　精神科臨床サービス，18，192-195.

Norcross, J. C., Knight, B. G. (2000). Psychotherapy and Aging in the 21st Century: Integrative Themes In Qualls, S. H., Ables, M. (Eds.) *Psychology and the Aging Revolution How We Adapt to Longer Life*. American Psychological Association, pp. 259-286.

惣滑谷和孝（2008）．薬物療法と精神療法の統合　老年精神医学雑誌，19(4)，443-448.

小野寺敦志（2003）．高齢者デイケアにおける介入プログラムの意義──療法としてのプログラム、支援としてのプログラム　デイケア実践研究，7（2），7-13.

小野寺敦志（2005）．高齢者デイケアの成り立ちと歴史　デイケア実践研究，9（1），49-52．

太田ゆず・中村菜々子・古谷智美・池内まり・時田久子・上里一郎（1998）．高齢者に対する心理学的援助　カウンセリング研究，31，202-223．

Sawin, L., Corbett, L. & Carbine, M.（2014）．*Jung and Aging*. New Orleans: Spring Journal Books.

Schulte, W. (1964). *Studien zur heutigen Psychotherapie*. Heidelberg: Quelle & Meyer.（飯田眞・中井久夫（訳）（1994）．精神療法研究　岩崎学術出版社　p.89.）

関敬吾（編）（1956）．日本の昔ばなし（Ⅱ）桃太郎・舌きり雀・花さか爺　岩波書店

関敬吾（編）（1957）．日本の昔ばなし（Ⅲ）一寸法師・さるかに合戦・浦島太郎　岩波書店

柴田由起（2012）．コラージュに表現された高齢者の内的世界──老年期女性の作品から　神戸大学大学院人間発達環境学研究科研究紀要，6（1），9-18．

下仲順子（2007）．高齢者の心理療法　下仲順子（編）高齢期の心理と臨床心理学　培風館　pp.246-256．

品川俊一郎・繁田雅弘（2003）．高齢者の不安障害　老年精神医学雑誌，14（9），1156-1163．

進藤貴子（2004）．老いること（エイジング）　氏原寛・亀口憲治・成田善弘・東山紘久・山中康裕（編）心理臨床大事典　培風館　pp.1317-1321．

新福尚武（1984）．老人の精神療法──総論的なこと　季刊精神療法，10(4)，302-305．

篠田美紀（2004）．私の終わりとの対話　松島恭子（編）ライフサイクルの心理療法　創元社　pp.204-225．

Stanley, M. A., Beck, J. Gayle, N., Diane M., Averill, P. M., Swann, A. C., Diefenbach, G. J. & Hopko, D. R. (2003). Cognitive-behavioral treatment of late-life generalized anxiety disorder. *Journal of Consulting and Clinical Psychology*, 71(2), 309-319.

Staude, J. R. (1981). *The Adult Development of C. G. Jung*. Boston: Routledge & Kegan Paul.

須貝佑一（2001）．老年期精神医療の状況　こころの科学，96，38-43．

高林健示（2005）．デイケアにおけるグループ──利点と注意点　精神療法，31（4），37-43．

高橋幸男（2003）．痴呆性高齢者に対する集団精神療法　デイケア実践研究，7（2），14-18．

竹中星郎（1999）．老人臨床における支持　こころの科学，83，54-58．

竹中星郎（2001）．老年者への精神療法　こころの科学，96，51-56．

竹島正・長沼洋一（2005）．数値から見た精神科デイケア　デイケア実践研究，9（1），81-87．

Teri, L., Logsdon, R. G. (1992). The future of psychotherapy with older adults. *Psychotherapy: Theory, Research, Practice, Training*, 29(1). 81-87.

土屋晶子・北島剛司（2015）．睡眠障害の精神療法の奥義を伝えよう──不眠／過眠症，概日リズム障害，睡眠時随伴症の指導のコツ　精神療法，41（6），829-834．

山愛美（2006）．事例について言葉にすることの意味　心理臨床学研究，24（5），537-547．

山中康裕 (1978). 少年期の心 中央公論社

山中康裕 (1991). 老いの魂学 有斐閣

山中康裕 (2006). 心理臨床学のコア 京都大学学術出版会

山中康裕 (2014). 自著三編について 精神療法増刊第1号，先達から学ぶ精神療法の世界，188-195.

山中康裕 (2018). 精神療法家・心理療法家にとって、必須の根底 精神療法，44 (3)，76-78.

柳田国男 (1955/2004). 新版遠野物語 付・遠野物語拾遺 角川書店

吉村英夫 (2004). 老いてこそわかる映画がある──シニアのための映画案内 大月書店

Zeiss, A. M., Steffen, A. (1996). Behavioral and Cognitive-Behavioral Treatments: An Overview of Social Learning. In Zarit, S. H. & Knight, B. G. (Eds.) *A guide to Psychotherapy and Aging*. American Psychological Association, pp.61-82.

索　引

［欧文］

ADL　　33, 39, 43, 72

circumambulate　　152, 154, 155, 162

circumambulation　　152, 153, 162

heuristic　　152, 153, 154, 155

［ア行］

藍染　　52

編物　　50

アンチエイジング　　8

イニシエーション　　77, 79

居場所　　35, 78, 159

うばすて山　　10, 98

運動　　57

映画鑑賞　　59

エイジズム　　12

絵手紙　　48, 92

円環　　110, 140, 154

園芸　　55, 122, 137

延命治療　　83, 96, 98, 101, 112, 127

老い　　11, 14, 21, 24, 85, 106, 107, 116, 121, 123, 126, 132, 135, 138, 139, 140, 153, 160

変若水信仰　　10

［カ行］

介護保険　　29, 32, 39

回想　　51, 58, 60, 81, 82, 100

家族　　13, 71, 91, 93, 96, 100, 103, 114

葛藤　　107, 110, 111, 116, 118, 120, 134, 135, 138, 140

河合俊雄　　61, 155

河合隼雄　　14, 15, 17, 18, 26, 140, 150

看護師　　35, 38, 41, 44, 49, 57, 64, 77

ギーゲリッヒ (Giegerich, W.)　　108, 152, 153, 163

基本的神経症的構造　　136

灸　　57

クイズ　　53

草木染　　52

グッゲンビュール-クレイグ (Guggenbühl-Craig, A.)　　12, 25

黒川由紀子　　7, 12, 13, 20, 21, 22, 83, 142

クロスワードパズル　　53

敬意　　148, 149

高齢者の心理臨床　　3, 5, 13, 16, 17, 20, 114, 151, 153, 162, 163

こぎん刺し　　51, 104

コスモロジー　　14, 15, 85

孤独　　72, 79

コミット　　31, 110, 146, 147, 150, 151, 154, 155

コミットメント　　109, 153

コラージュ　　31, 44, 90, 93, 94, 99, 101, 104, 106, 112, 119, 122, 124, 127, 128, 133, 139

［サ行］

サクセスフル・エイジング　　13, 14

刺子　　50, 51

雑談　　61, 65, 83

散歩　　58

死　　14, 83, 84, 85, 94, 96, 101, 111, 113, 130, 141, 153

試行錯誤　　151

自己表現　　35, 90, 134

支持的心理療法　　22, 31

愁訴　　21, 33, 76, 109, 156

集団精神療法　　158

重度認知症患者デイケア　28, 32

手芸　50, 51

主治医　35, 40, 77, 79, 136, 160

主体性　39, 71, 138, 139, 155, 156

主体的　40, 41, 63, 66, 68, 71, 92, 108,
　112, 118, 137, 138, 155, 156

シュルテ (Schulte, W.)　82

症状　14, 21

事例研究　16, 17

神経症　107, 109, 110, 117, 121, 126,
　130, 135, 137, 138, 139, 154

人生後半　15

　──の課題　15

人生の午後　25, 26

進堂貴子　22

新福尚武　20, 22, 136

心理療法　20, 150, 155

心理臨床家　5, 15, 16, 31, 61, 110, 146,
　148, 150, 152, 155, 157, 159, 160, 162

睡眠障害　90, 140

数独　53

スタッフ　38, 40, 44, 50, 55, 156

精神科デイケア　28, 29, 33, 34, 41, 162

生と死　11, 83, 88, 108, 111, 113, 160

全体性　31, 162

喪失　70

[タ行]

第三のもの　61

対人関係療法　27

多義性　11, 17, 155

多義的　5, 6, 13, 146, 150

竹中星郎　14, 21, 22, 31, 106, 148

多様性　12, 126

通所リハビリテーション　28, 32

デイサービス　29, 32

適応障害　38

土居健郎　158

統合失調症　29, 33, 34, 65

遠野物語　10

　──拾遺　11

独居　92, 106

[ナ行]

内省　71, 109, 112, 125, 139, 144, 153,
　157, 162

ナイト (Knight, B. G.)　24

中村雄二郎　17

楢山節考　10

認知行動療法　26, 27

認知症　8, 29, 30, 32, 34, 43, 44, 118,
　158, 162

塗り絵　46, 117

ノークロス (Norcross, J. C.)　28

[ハ行]

ハイト (Haight, B.)　43

長谷川和夫　12, 62

発見的 (heuristic)　150, 155

バトラー (Butler, R. N.)　12

浜田晋　136

ピアサポート　35, 70, 126, 143, 144,
　160, 161

否定　62, 70, 75, 108, 156

表現　61, 67, 68, 71, 80, 81, 82, 97, 108,
　110, 117, 127, 137

不安　8, 14, 16, 27, 32, 33, 38, 70, 76,
　79, 85, 103, 106, 113, 116, 125, 151

不安障害　27, 38

深沢七郎　10

藤山直樹　17

不満　51, 63, 75, 77, 79, 121, 134, 156

不眠　27, 30, 76, 88, 103, 106, 109, 116,
　119, 129

索引　173

フラワーアレンジメント　94, 96
フロイト (Freud S.)　23
プログラム　35, 41, 43, 60, 62, 64, 66,
　156, 159
プロセス　61, 136, 146
プロダクティブ・エイジング　12
ヘーゲル　108
ペーパークラフト　49
弁証法　107, 108

[マ行]
見立て　82, 150, 160
昔話　9, 10
矛盾　5, 6, 13, 14, 85, 137, 146, 150, 155
物語　77, 79, 160
物忘れ　8, 106

[ヤ行]
柳田国男　10, 11
山中康裕　25, 31, 61, 82, 113, 146, 148,
　152
遺言　96, 112
夢　25, 31, 44, 89, 91, 107, 126, 129,
　131, 132, 138, 141
ユング (Jung, C. G.)　13, 25, 31, 107,
　152, 153, 163
抑うつ　27, 30, 38, 72, 74, 116, 124
吉松和哉　159

[ラ行]
リニア　14, 110, 141, 147, 162
両義性　11, 14
臨床心理士　3, 34, 35, 38, 41, 64, 109
老愚者　12, 25
老賢者　12
老年期　8
　——の精神療法　14

[ワ行]
若返りの水　9
わたし　6, 15, 16, 31, 61, 65, 67, 75, 82,
　106, 107, 108, 109, 111, 135, 137, 139,
　141, 146, 147, 149, 151, 154, 155, 157,
　159, 160, 162

初出一覧

第1章　序論──本研究の問題と目的

第4章　デイケアのプログラム

第6章　事例1：神経症的な葛藤を抱えながら生きる高齢者

第7章　事例2：老いへの不安と神経症性不眠を主訴とする高齢者

第8章　総合考察

　　　▶本書のための書き下ろし

第2章　高齢者に対する心理療法・心理的アプローチに関するこれまでの実践・研究

　　　▶北山純（2009）．高齢者への心理療法アプローチと老年期心性への理解
　　　　──深層心理学と実証主義的心理学の比較の試み　上智大学心理学年報，
　　　　33，69-77をもとに加筆修正

第3章　本研究における精神科デイケアの概要

　　　▶北山純（2014）．老年臨床における心理職──精神科デイケアにおける実
　　　　践　大妻女子大学心理相談センター紀要，11，15-30をもとに加筆修正

第5章　臨床心理士によるファシリテーション

　　　▶北山純（2012）．高齢者の不安に対する「自律性」の治療的意義──強迫
　　　　性障害に対する心理的援助　上智大学心理学年報，36，9-17.
　　　　北山純（2017）．老年期における「わたし」の生成　箱庭療法学研究，
　　　　30(2)，27-38を大幅に改稿および加筆修正

謝　辞

　本書は、2018年3月に上智大学大学院総合人間科学研究科より博士（心理学）の学位を授与された学位論文「高齢者の『わたし』らしさを尊重した心理的援助——精神科デイケアにおける臨床実践」に、大幅な加筆・修正を行ったものです。本書の出版にあたっては、一般社団法人日本箱庭療法学会2018年度木村晴子記念基金による学術論文出版助成を受けました。

　このような形で拙論をまとめるにあたって、数多くの方々のご指導、ご協力を受けました。

　老年期の心理臨床領域の第一人者である、上智大学名誉教授・慶成会老年学研究所所長の黒川由紀子先生には、長年にわたってご指導を受けて参りました。常識にとらわれない柔軟な発想、年齢・性別・国籍を超えて壁がなくグローバルな見地、人や物事の本質を見据えるまなざし……、先生から教えていただいたことはここに書ききれるものではありません。博士論文の提出までに長期間を要したのは、ひとえに私の力不足と怠惰によるものですが、その間一貫してご指導を賜り、励まし、見守り続けてくださったことに、心から感謝の言葉をお伝えしたく思います。

　上智大学の横山恭子先生、吉村聡先生には、博士論文の原稿に丁寧に目を通していただき、数多くのご示唆をいただきました。横山先生は快く主査を引き受けてくださり、先生のご指導によって「『わたし』への着目」という本論の中核的な視座を見出すことができました。折々で親身になって相談にのってくださったことも大きな支えになっています。吉村先生は、拙論の事例に対して丁寧で温かなコメントをくださるとともに、「臨床家」として研究論文を書くというアイデンティティをしっかりと共有していただきました。そのことにどれだけ勇気づけられたかわかりません。

謝　辞　177

　上智大学心理学科の諸先生方からは、博士論文執筆の過程を通じて、様々な学術的な指摘だけでなく、幾多のこころ温まる励ましの言葉をいただきました。上智大学でご指導くださったすべての先生方にお礼申し上げます。

　京都ヘルメス研究所・京都大学名誉教授の山中康裕先生は、筆者の希望に応じて博士論文の学外副査を引き受けてくださいました。審査会での先生の真摯で熱のこもった発言、臨床を大切にする姿勢は忘れられないものです。拙論の出版を積極的に応援してくださり、それをきっかけに直接に先生と心理臨床について対話する機会を得ることができました。先生からいただいた言葉は、私の今後の財産として大切にこころに残したく思っています。

　京都大学の田中康裕先生には、筆者が心理臨床家として歩み始めた頃から現在に至るまで、臨床実践に関するご指導を受けて参りました。日本箱庭療法学会の出版助成への応募について背中を押してくださったことにも感謝したく思います。

　本書で取り上げられた臨床実践は、決して筆者一人によるものではありません。東神奈川クリニックの伊藤導智先生、細島英樹先生には、貴重な臨床の場と、初めての試みにトライする自由を与えていただきました。また、本書の作成にあたってもご助力くださいましたことに感謝申し上げます。また、共同治療者である看護師の西村康子氏、渡邉いずみ氏、肥田真由子氏からは、それぞれの豊かな個性から学び、考えることが多く、デイケアのマネジメントを通じてどれだけ助けていただいたかわかりません。こころからお礼申し上げます。

　また、デイケアで出会ったすべてのメンバーの皆様と、特に本書への事例掲載の許諾をくださいましたお二人に感謝いたします。お二人のご理解がなければ本書は成立していませんし、そのご恩に報いることができるよう、今後も研鑽に努めたいと思っています。

　本書の出版にあたっては、創元社編集局心理学術部の紫藤崇代さんに大変

にお世話になりました。筆者の筆の遅さのために並々ならぬご迷惑をおかけしました。本書が世に出ることができたのは、そのような中で誠実に対応してくださったおかげに他なりません。

　さいごに、毎日をともに歩んでくれている妻に感謝します。

2018年7月

北山　純

著　者──北山　純（きたやま・じゅん）

1975年生まれ。2014年、上智大学大学院総合人間科学研究科心理学専攻博士後期課程単位取得満期退学。上智大学心理学科リサーチアシスタント、東神奈川クリニック臨床心理士などを経て、現在、学習院大学学生センター学生相談室専任相談員、桜ヶ丘神経内科クリニック非常勤臨床心理士、文教大学非常勤講師。博士（心理学）。臨床心理士。専門は臨床心理学。
著書に「高齢者とのコミュニケーション」（分担執筆　上野徳美・久田満（編著）『医療現場のコミュニケーション』あいり出版　2008年　pp.127-136）、論文に「高齢者の『わたし』らしさを尊重した心理的援助──精神科デイケアにおける臨床実践」（学位論文，2018年）、「老年期における『わたし』の生成」（箱庭療法学研究，30（2），27-38，2017年）など。

箱庭療法学モノグラフ
第 9 巻

高齢者の心理臨床

老いゆくこころへのコミットメント

2018年10月20日　第1版第1刷発行

著　者———北山　純

発行者———矢部敬一

発行所———株式会社 創元社

〈本　　社〉
〒541-0047　大阪市中央区淡路町4-3-6
TEL.06-6231-9010(代)　FAX.06-6233-3111(代)
〈東京支店〉
〒101-0051　東京都千代田区神田神保町1-2　田辺ビル
TEL.03-6811-0662
http://www.sogensha.co.jp/

印刷所———株式会社 太洋社

©2018, Printed in Japan
ISBN978-4-422-11479-8 C3311
〈検印廃止〉
落丁・乱丁のときはお取り替えいたします。

装丁・本文デザイン　長井究衛

JCOPY 〈出版者著作権管理機構 委託出版物〉

本書の無断複写は著作権法上での例外を除き禁じられています。複写される場合は、そのつど事前に、出版者著作権管理機構(電話 03-3513-6969、FAX 03-3513-6979、e-mail: info@jcopy.or.jp)の許諾を得てください。